唉，他们都在云上、天上。

《山居图》

138cm×68cm 2010年

溪山图轴 庚寅年八月 鼎光画

138cm×68cm 2010年

《清溪白云图》

138cm×68cm 2008年

《十里桃花影摇落》

138cm×68cm 2010年

十里桃花影摇落 荡一江春 庚寅

七月

戥光画

138cm × 68cm　2009年

《华诞图》

《山中方七日》

138cm×68cm 2004年

山中方七日 甲申年五月

画于南湖见山堂 晶光

《晋风》

138cm × 68cm　2009年

《南朝萧衍诗意图》

138cm×68cm 2010年

南朝萧衍诗意图

高臺半行雲望望高不極 草树无参差 山河同
一色 陈寅恪所坚持之中学为体西学为用乃学習引
进之规律何也 本持本民族特色也 与西方之保持个体之
个性同理也 在保持个体特色之上头顶有个秋序乃乎合
人类之科学及规律 庚寅七月画于燧热之屋 吴光题

《幽人不可求》

138cm×68cm 2010年

人遊月邊去 舟在空中行 庚寅年七月畫于南湖見山室時盛夏 嶺南 黎光題

《人游月边去 舟在空中行》

138cm×68cm 2010年

《山中何所有 岭上多白云》

138cm×68cm 2010年

《一船撑出绿荫来》

138cm×68cm 2010年

白雲无尽时 庚寅年六月 鄧光

《白云无尽时》

138cm×68cm 2010年

云上的老头

中国青年出版社

（京）新登字083号

图书在版编目（CIP）数据
云上的老头　卢延光著.
—北京：中国青年出版社，2011. 10
ISBN 978-7-5153-0260-7

Ⅰ．①云… Ⅱ．①卢… Ⅲ．①卢延光—文集
Ⅳ．①C539

中国版本图书馆CIP数据核字（2011）第199418号

责任编辑：彭明榜
装帧设计：孙初＋林业

中国青年出版社出版 发行
社址：北京东四12条21号
邮政编码：100708
网址：www.cyp.com.cn
编辑部电话：(010) 57350506
门市部电话： (010) 57350370
三河市华润印刷有限公司印刷　新华书店经销

700mm×1000mm　1/16　16.75印张　210千字
2011年11月北京第1版　2011年11月河北第1次印刷
印数：0001—5000册
定价：38. 00元

本书如有印装质量问题，请凭购书发票与质检部联系调换
联系电话： (010) 57350377

翩翩一只云中鹤

写这些云上的老头，大概是从"翩翩一只云中鹤，飞来飞去宰相门"得启发而来。鹤在云中，古代比喻为尘外的隐士，和尘世保持距离。这首明代嘲讽自诩隐士的陈继儒的诗，风趣而含哲理性批判，把权贵与隐逸合二为一，活画出当其时的知识分子的无奈。

云中与云上，其实是一种眼光与境界。看人间，从地上，从山顶，乃至从珠穆朗玛峰上，都会有不同的视野。世界眼光，全球视野，当然高明，而从云端上看世界，乃是天地之眼界，这何止高明呢？那已是神仙境界，宗教情怀了。至于飞到什么地方去，老百姓的家里，宰相门下，皇宫重地，乞儿群落，黑白两极，姓资姓社，其实都可一超直入。

吾上可以陪玉皇大帝，下可以陪卑田院乞儿，这就是苏东坡的境界，一超直入，通天地人也。

2004年写黄公望，取名"云上的老头"，大概因以上的明白才看到黄老头子的魅力，因为老头胸怀才明白大善、大爱。与尘世保持距离，超越于人性、动物性，以天地之心包揽人间。黄公望所以在云上。

我写黄公望那个年月，老头子一直几百年十分寂寞。恰好那时我也处于人生之低谷，同样十分寂寞。一个寂寞的半老老头，读一位六百年前寂寞的老头传记，只是同病相怜，激出火花和血气、温度而已。事有凑巧，到了2011年的今天，因温家宝总理盼望《富春山居图》合璧，画这幅画的黄公望老头忽然因此而大热。大陆、港台、海外诸炎黄子孙，从电视、广播、报刊乃至画展、画册、书籍，热炒《富春山居图》，热炒黄公望，铺天盖地。这一年，可说是"黄公望年"，更知老头魅力。

这些年，我也写了不少老头们的魅力，这些老头都居于最南方的广州。虚云、云峰都有"云"字；高剑父、陈树人、高奇峰岭南三杰，因艺术而同样带有云彩；关山月、黎雄才是我替他们建立个人艺术馆的，人性的辉光同样可以把他们卷到云上去；至于属于祖先的许家那些人物，他们的精神和气节也都是可在云端上俯瞰人间的。

西方基督教的教义里有"你要接近上帝，必须从文化艺术开始"的说法，而在达·芬奇那里，把绘画、艺术拔得更高，比喻为"最接近而爆发近乎上帝的是灵感之物"。因想象力而创造发明，艺术同样是云上之物。

南端这块土地，生长如斯人物，也可看到这块土地的魅力。

如是作为引子，以恭敬之心，谦卑之态，礼引读我书的读者进到云里雾里，云头上下，不亦同乐乎？希望大家也一超直入。

卢延光

2011年8月20日

目录

目录

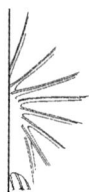

翩翩一只云中鹤 / 001

云上的老头

虚云大师 / 006

云峰大师 / 013

云上的老头 / 022

从十香园谈起 / 030

高剑父护佛 / 041

画圣高奇峰 / 049

新古典之士大夫陈树人 / 053

现代隐士 / 058

文化的最后成果为人格——记关山月大师 / 061

落月淡孤灯——黎雄才大师二三事 / 068

我的老师单柏钦 / 074

往事随想

关山月的小狗莉莉 / 096

高剑父夫人与星仔 / 099

大道低回　大味必淡——记高剑父公子高励节 / 102

淡妆素抹——记广东画院院长王玉珏 / 105

想起了鲁迅　想起了私塾 / 110

天降瑞气 光孝重光

——《中国佛教二千年书画集》跋 / 116

笔底藏神

——戴敦邦老师《日月山河颂》集序 / 120

学画笔记 / 123

"百图系列"后记 / 132

关于广州艺术博物院的构想 / 145

标举士气 / 155

重回巨匠肩膀 / 162

家族回望

外祖父的爷爷——许应铹 / 168

外祖父的叔爷爷——许应骙 / 175

我的曾外祖母 / 179

母亲的伯父——许崇灏 / 183

母亲的伯父——许崇清 / 188

我的外祖父——许崇年 / 198

母亲的叔叔——许济 / 204

母亲的叔伯父——许崇智 / 208

母亲的姑姑——许广平 / 215

许家与廖家 / 228

云上的老头

虚云大师

广州人不可忘记六榕寺曾有过一伟大高僧。1946年起，他曾主持六榕经年。新中国成立后为中国最尊贵，最长寿，最具大德、大悲悯的佛教领袖。在他110多岁的高龄之际，率众赴京，以中国佛教协会名誉会长之头衔，主持了新中国第一次的世界和平法会，祈福世界和平。

虚云于云门山大觉禅寺有一名联："尘外不相关，几阅桑田几沧海；胸中无所得，半是青松半白云。"虚云对"云"特别有感情，特别依恋。光绪二十六年（1900年），他隐居于终南山狮子岩，茅棚结庐，从此便改号为虚云。他的一生多与"云"字结缘。出山后，他于曼谷募得巨款，从光绪二十九年（1903）至民国九年（1920），遍修云南（云之南方）鸡足山各寺；于昆明苦心孤诣，竭数年之精，手胼足胝，亲自督建西山云栖寺（也是云），建后，遂为全省佛寺之冠；民国二十三年（1934年）他见南华寺残垣败宇，满目凄凉，遂解职鼓山赴粤，艰辛经营10年，"南华"顿成粤中佛门重镇；民国三十二年（1943年）正值抗战，倭寇深入，国事艰难，他却克千艰万难，于是年始坚持九年，重修曲江乳源云门山大觉禅寺（又是云字）；他手建的梵刹数十处，多有"云"字，1960年大师圆寂于所居江西居云山，与

"云"可谓有缘矣！

虚云，顾名思义为云之虚无缥缈也，来去无踪无影。这使我想起徐志摩那首著名的凄美的诗：

悄悄的我走了，

正如我悄悄的来；

我挥一挥衣袖，

不带走一片云彩。

——《再别康桥》

虚云，本义就是虚空，更无从带走一片云彩。大师存世121年，可谓中国少有而特殊的高寿人物，他一生就为弘扬佛法、普度众生而来，其实绩在于不断建寺庙，经年累月，不避危困，庙成身退，建成一间，再建一间，终其一生所建之寺庙大小40多处（座），可谓空前绝后。庙在菩萨在、和尚在、经典在、香火在、弘扬在、普度在，这是虚云的无上大智；庙成而又流转，再续再建，一生颠沛流离，不求安乐，这是虚云的无上清凉，呵，真的不带走一片云彩。

大师的投世，好像就为建寺庙而来。细经历史咀嚼，当会发现，20世纪80年代前的200年，正是晚清的衰落及动乱期，其间之鸦片战争、太平天国起义到八国联军攻进北京，历经辛亥天崩地裂、军阀混战、抗日战争等等，民心惶惶，经济崩溃，天灾人祸接踵而来。这段时期也是佛教的颓丧衰败期，神州到处战争，众生纷纷逃难，食不果腹，哪有心神去烧香拜佛、捐助寺庙？昆明滇缅交界的鸡足山，相传为迦叶尊者道场圣地，兴隆时有三百六十庵，七十二大寺。据岑学吕《云门山志节录》，虚云至鸡足，见仅存子孙庙十余，颓垣败瓦，惨不忍睹，乃誓愿挽救僧众，恢复道场，由鸡足可见佛教当其时之兴衰。

西风东渐，"科学万能"观点的宣扬，使佛教思想受到了冲击。清末，政府遍提庙产，勒捐庙资；辛亥革命后之20年代灭佛驱僧，用寺庙办学堂之举措，使佛教危机一波接一波。虚云的时代正处于这个动荡时期，可谓穷途而末路，与李叔同一样，时穷节见，贫贱而不移，拼命地抵抗着两方面的夹击。他们用对佛学的精诚与智慧，生来就吃苦的本愿，力挽狂澜于既倒。于是，我们便看到这位"建庙僧"，不断地"上窜下跳"，宣扬佛学、人性之大慈大悲，至性至善，倡导和平，突显人类灵性的真、善、美；一面又顽强地连续建寺庙，可谓鞠躬尽瘁，死而后已。

大师的投世，好像为吃苦而来，他选择了这段历史时期，选择了出家这种清苦而终日面壁的"职业"。世人往往在走投无路时遁入空门，像黄公望，像八大、石涛。《云门山志》说虚云初生，为一肉团，剖肉团而得一男孩，母大骇而哭，气壅而死。在小孩呱呱坠地的哭声与大人们的哭声中，他便失去了母爱。人生中，我又发现不少出家人，从孩童中就有遁迹空门的坚毅信念，父母越压迫，越不答应就越坚决，这大概是他们的一种宿命。清初绘画四僧中，石溪便有过这种顽强。石溪自幼便认定自己是和尚化身，多次请求父母让他出家都未被允许。到了成家的年龄，有人上门议婚，被他大骂拒绝。27岁的一天晚上，他大哭不已，用刀自剃头发，以至头破血流，出家而去。虚云的出家也约略如此，最后也是出逃而去的。生命的古怪、神秘，有时很难给予"科学""理性"的解释。最近的霍金的理论、基因解密所揭示的人体什么时候该生什么病，寿命该多少都有预知的答案，这更使现代人进入一种命定的困惑。

虚云命定吃苦，自逃入鼓山拜妙莲为师后，为磨炼己性，效苦头陀行。他冬夏只穿一衣，不再吃粥饭，饥嚼松毛，渴饮山涧，乱发蓬头似野人，如是者三年；于嵩山脚下大风雪中僵卧六日而不死；在芜湖获港失足落水浮沉一日夜，遇救得生；然而为此而诸孔流血，病未愈又遭高旻寺规委屈打香板，病益加剧又不死。于泰国募化，踞坐而入定九日，似死非死，从而轰动举国王公大臣以至庶士，遂得捐助。庚子年，八国联军入京，两宫蒙尘，虚云共赴国难，随驾同行，备尝困厄。他跟慈禧光绪随行，当的是心理医生，抚平太后、皇上的心灵惊恐与创伤，祷告上天使百姓脱灾免难。辛亥后，各省驱僧毁庙，云南新军统领李根源亲督队伍逐僧拆寺，又以虚云以迷信惑愚民，指名拿捕。一时僧众落荒而逃，独虚云不走，坚强不屈，反倒令统领悔过，执弟子礼。他为保全佛寺、修补经版、创办学社、开坛讲义、悔服当权、筹建寺庙、恢复道场而呕心沥血，何止千艰万难？"建庙僧"的他每建一庙都得四处募化，然后，规划、运送，一砖一瓦、一草一木地垒起，住草棚，节衣缩食，辛劳日夜。庙成然后流徙，再住草棚，简食，再成，再建。其间之困苦、艰辛，已是小菜一碟。虚云的生命据于乱世，承载的苦痛、风浪、折磨不可道里计，实为车载斗量；所见之慈禧、光绪、孙中山、袁世凯、蒋介石、大小军阀头领、王室大臣、民国之巨贾高官不可胜数。一切一切有如幻影蜃楼，如风过耳。直至1952年，身处112岁，仍接来一大血光之灾。3月，一百来号人围云门寺，虚云其时尚病重，来人先将老和尚禁于方丈室，然后搜寺，上至瓦盖下至地砖，法器经藏，逐一严密搜查，两日搜刮一无所获。搜查人传闻寺内有发报机、军械、黄金、白银，来势汹汹。结果和尚妙云被逼供而活活打死，悟云、体智等和尚被多次毒打，手臂断折，无所获后迁怒于虚云。三月初一，十条大汉冲进方丈室，用木棍、铁棍对着身患重病的老和尚轮番扑打，至头面血流，肋骨折断，随打随问，虚云趺坐入定。于是又金木交下，打得老人一佛出世，二佛升天，虚云仍是闭口不语，直至扑倒不动。凶手们见其危殆，呼啸而去。二日，又见虚云端坐入定，十大汉又大怒，以大木棍殴之，更拖和尚下地，十余众以革履踩踏，狂踢，至和尚七窍流血，倒卧地上，凶手们才呼啸而去。虚云此时生命已危在且夕。然而三天后，老和尚又呻吟端坐。生命的顽强，令行凶者疑惧后怕："这老家伙怎么打不死？"众僧答曰："他为众生受苦，为你们消灾，打不死的，久后自知。"凶手们人人悚然。最后此事惊动中央领导及统战部，省府及地方派人制止了恶行，围寺告解。大慈悲引来大苦难，释迦牟尼的以身喂虎，一口口被撕咬的身躯，其裂肺撕心之痛，凡人能忍受么？生命中的121岁，用100年时间来吃以上苦头，这是他用自我的苦行来对世人的普度，替天下吃苦。积100年苦头，最终给虚云带来一个新中国佛教协会名誉会长的头衔，让他在113岁率徒众数十人到京，主持新中国在广济寺召开的世界和平法会，祈祷世界和平。中国佛教界，最高年龄的是他，所承载的大德、大功、大慈大悲、大清凉也只有他。什么是得道高僧？虚云就是，而且是"只缘身在最高层"的高僧。他是风雨雷电、电光石火锻造出来的"舍利子"，熠熠生辉，光泽万世。虚云终究盼来了中国佛教界的安定。积100年苦头，也使得虚云以本文开首那对楹联为终结，为觉悟，功德圆满而一尘不挂：

尘外不相关，几阅桑田几沧海；

胸中无所得，半是青松半白云。

他大致上也是以虚空为终极为大彻大悟。

父亲告诉我，我是给虚云在三宝大佛下摩过顶的小孩。大概是外公外婆的关系，我1948年出生不久，便被抱到六榕寺，在释迦座下，吾母抱我跪下，虚云念经毕，伸手往我头上摸去。这叫摩顶，自然脑袋着实给老和尚摸了几摸。由此，虚云两字在我脑中便挥之不去，却不知就里。摩顶，其实是大人们怕小孩养不大，让我亲近佛祖菩萨，给得道高僧摸摸，从而获得菩萨保佑，阿弥陀佛！长久以来，我很想知道虚云是个什么样的老头，得了什么道，高到哪里去，多少年来，老头对我是一个美丽的"谜"。

大概是在20世纪80年代中期，由市政协的邓根儿领着我们"文体卫"组别的几位政协委员去六榕寺拜访云峰和尚，才得见虚云的相貌。在云峰客厅中堂，挂着虚云盘腿而坐的画，在墙壁上挂着虚云与几个门徒合影的相片。这就是虚云，瘦瘦高高，留长头发，须发皆白，高鼻深目，一脸的英武与一脸的忧郁。墙上所挂的几张虚云相片，都没有笑容，不像云峰大师，谦和、慈祥，微笑着让你感到暖和和甜蜜蜜。虚云在相中一丝不笑，心绪沉重，庄严，似乎上下左右人等与他无涉。和尚居然留长发长须，史所未闻，很有点"前卫"与"后现代"意味。虚云的形态又十分像古士大夫，这又是中国典型的佛相。他在历史上的种种功德犹如脚下的莲座浮台，他处在座上或躺或卧，或俯或仰，得大自在，何须留发蓄须累于形式？胸中无所得也无所谓，身心已处于自由境界——大师的境界。

我特别注意虚云那没一丝笑容而忧郁的眼，一直不明白他何以这样，多年对虚云事迹传闻的寻觅，才终又明白他积100年苦头，100年功德，100年的清凉，才有这般铁铸的相貌与表情。处于"痞子"游戏的年代，我不敢重复"伟大""崇高"等令人烦恼的词语，然而，我却想起"五四"那一代的人，想起梁启超《在陈师曾先生追悼会上之演说》中对陈师曾的评价：

"此种天才，不尽属于艺术方面，乃个人人格所表现，有高尚优美的人格，斯有永久之价值，而其作品的表现，都有他的精神。有真挚之情感，有强固之意志，有雄浑之魄力；而他的人生观，亦很看得通达。处于如今浑浊社会中，表面虽无反抗之表示，而不肯随波逐流，取悦于人又非有矫然独异剑拔弩张之神气，此正是他高尚优美人格可以为吾人的模范。"

梁启超独提人格优美说，是对"五四"那一代人的准确评价，有至真、有至善乃为至美，我们这一辈人包括我自己，从人格、学养上能望上一代的项背吗？惭愧！

虚云一直忧郁。据说尧、舜、禹的表情也是一脸的忧郁，大禹遭遇洪水滔天、生灵涂炭的景况，其忧伤，其苦行，更使他饱受风霜的脸上刻着永远不变的愁苦。为中华民族子孙后代的安宁幸福，他们的脸上，永远注入凄美的忧郁表情。

高尚优美之人格，斯有永久之价值。

我们的民族，累仆累起，就是由于有这样一批至美的人物在支撑。

云上的老头

云峰大师

　　寺庙内的过道、佛殿里塞满了穿黑袍的男女信徒,两百多人都坐在蒲团上。低低的声音念着南无阿弥陀佛,表情一律肃穆与庄严,为即将离去的云峰大师送行。弥留之际的云峰,睡在大殿的中央,头朝着佛陀偶像,床上床下布满医用的脉搏器、呼吸机,两位医生和护士站立两旁忙上忙下。吸着氧、输着液的云峰脸已经浮肿,眼眯着,平静而安详。明黄的丝被包裹着他,香火缭绕中,在黑袍信徒环绕下,黄与黑混淆成一种沉重;一声声由二百多人呼出的"阿弥陀佛"又混合成一派安详;沉重与安详又相互交织,谱成了六榕寺为这位82岁的佛协主席的送行曲。人即将离去,佛教的仪式竟如此美丽。

　　进得大厅,遇此人生未见之境况,黄黑的交错,沉重与安详的融合,我所熟悉的一具不动的静穆的身影,我的眼睛马上湿润。云峰大师贴身小和尚独领着我走到床前,在云峰的耳朵旁,我俯下身细声地告诉他:"我来了!"为的是说一声告别,道一声自在、安详。于是又立刻拜别,再向佛陀三拜,离开。

　　早在半年前,云峰病重,住在钟南山院士所在的呼吸道重症监护室。"非典"前一个月,我一家人去探望老人,多方交涉,才让我独自一人穿了卫生大衣,经两重关卡进去。老人被一条大大的排气管插在颈上,穿进喉里,吸着氧气,不能讲话也已有好几个月了。满房间都是各种的仪器、各式医用管道，两三位医生、护士在替云峰注射。老人微笑着，用掌合十，招呼着我。站在那里，我只有强作舒坦与微笑，念念有词地安慰着老人，感谢着医生和护士。探望不能待久，也不舍离去。一个月后，"非典"袭来，云峰也只得移回"六榕"变成今天佛殿这个场景。

对于老人的身体，这几年，一直是我们几位与云峰友好挂心的事。1999年，大师因为关山月为六榕题匾，硬要亲自赴关老家里拜谢。老人坐进我馆的小车，行进不久，车内的空调冷气使大师不停地咳嗽，咳得大伙揪心扯肺地痛。老人边咳边掏出"藿香正气丸"在车内吞服，仍坚持要见关老，那重诺重义，令我们大大地被感动。也因此，我们才又知道大师支气管哮喘的病不轻。

长期的岁月艰难与精神的压抑对云峰的病体有直接的关系。改革开放后，佛教界也迎来了黄金的岁月，"山门有幸"是云峰常挂在嘴边的叨念。云峰常说："创业固难，守其业亦不易。此本寺之古德有言。"自20世纪80年代至2002年，老和尚一直为被"文革"破坏得面目全非、断筋折骨的佛门、佛寺呕心沥血，鞠躬尽瘁，死而后已。种种的千艰万难，点滴操心，重头收拾，使云峰积累的旧病并没有得到恢复、喘息。90年代下半叶，他的身体每况愈下，身心的疲于奔命，完全是跟千头万绪的诸事操劳有关。时任统战部副部长的李红志就对我说："一顿只吃两条青菜，两汤匙白饭，面对的是巨大的工作和压力，大师怎样熬？"

2000年，征得云峰同意，我推荐了肇庆名老中医梁剑波给大师看病。梁剑波在心肺医科及诸多奇难之症攻克上是位圣手，我友、高剑父纪念馆馆长张立雄亲自操办从肇庆把剑波大师接到六榕。那时的梁剑波也已80高龄，又刚动过手术，从肇庆到广州百多公里，他坐着轮椅为云峰看病的情景直令你五内感动。诊治毕，医师一边安慰着也是80岁的老人，开了药方，一边又掏出一封"利市"递给云峰。这又令我们感到新鲜与奇特，病人还未谢过医生，哪有医生反过来感激病人？两位老人互相客套地递"利市"，是我在六榕云峰的小居室里看到的人与人之间的真挚与友情。两位大师很早就相识相知，都是有大德、得大道的人物，小小的一幕举动，就包含着德与道，包括佛学的禅理与信仰，无法企及。此后，云峰一直吃着梁剑波的药，打电话去询问，云峰说感到有点"燥"。日后知道梁剑波又调校了药方，一直相安无事，大师药照吃，佛照拜。于是乎自以为心安理得，万事大吉。

结果，熬到2002年6月，大师终要住进医院，不久更进深切治疗部，经几次抢救，终于不治。2003年成为"感动中国"十大人物之一的钟南山以及有关护理的医生、护士，已是尽了最大的努力。前两个月，我还对着在深切治疗部为云峰护理的两位医生、护士说："你们能替广东省最权威的大和尚看护，是人生最大的福气。"两位马上频频点头示为同感，现出那工作中难得的笑容。

认识云峰大师是在20世纪80年代末期。那时我画的《百佛图》已经出版经年。因为是新中国成立后乃至"文革"后第一个由现代人用现代艺术理念去画佛祖、菩萨，社会上或许蛮觉新鲜，还颇受欢迎。又因为受虚云大师的摩顶，与佛有缘，鬼使神差的节骨眼上不失时机地拾遗补缺，《百佛图》应运而生。再造佛像没有遭"禁"，也是碰上政治清明的幸运。一次与市政协的几位同人拜访六榕寺，出来迎接的便是云峰，引入斋堂，吃过香茶，穿过道，走居室，登藏宝阁。大师笑眯眯地给你道历史，谈佛学，观宝物，解艺术，其深厚的佛理、人文学养，令人敬佩折服。临末，有人就向大师介绍到我画的《百佛图》，云峰先是愕然，然后是惊喜："啊！你就是卢延光？"我于是小心点了点头，大师拉着我的手又道："哎！我正是买了很多本《百佛图》送人的啊！"说到这里，他高兴，我当然也高兴，更是分外感激。因为有了他这个"哎呀"，我日后能常常亲近他，他每次也总拉着我的手，亲切地问长问短，我心里特别甜蜜。

大师是个极和蔼的人，见着他每时每刻脸上都堆着微笑，轻轻的、浅浅的笑，他的笑，给你暖意，给你平静，给你安宁。每年春节，我总带着一家人，有时更是七八位部下、同事带着果篮毕恭毕敬地到他居室去拜年。亲近他即亲近佛，亲近喜乐，更亲近慈悲。每次更喜欢老人家派利市、派护身符，我们这批在他面前的老小孩得了这些"宝贝"，放在袋里，挂在身上，会高兴、兴奋一整天，更会袋袋平安一整年。十多年来春节往六榕寺是我们这批小民百姓的头等大事，爱护与亲近，问候与关怀，老少其乐融融。如此情感溶进春色、溶进香火缭绕的虚无缥缈，溶进人世间的善良记忆，溶进佛祖注视下的大千世界里。云峰大师令我们安详、幸福。

2000年，大师派来秘书长明生，着我为节日筹备书画纪念展，更要我为精装的厚厚的《中国佛教二千年书画集》作跋。大师的抬举，竟使小子惊愕得冒汗而后怕，羽毛未干，无德无能的我怎敢下笔？推搪了几次，都不能成功，老人铁定要我写。无法，只得战战兢兢地写来，万望老人修改。云峰也不客气，照修照改，文章由明生、小和尚们几经转折，终于印在那本广东省佛教界，也是历史上第一本堂皇的佛教书画集内。序是佛协副会长、德高望重的新成大师写的，写跋的小子那时52岁，被"迫"得太过也不知天高地厚，而云峰却躲在背后，把鲜亮、夺目让给别人。画册里，他只刊登自己的一帧照片，为此书的编辑校稿、审阅着，把一丝不苟、严肃、认真的表情嵌进镜头。

2000年佛教诞辰，千年古殿光孝寺迎来了20世纪100年来第一次如此辉煌与巨大的喜庆，从清末的天崩地裂，到"五四"后的"国民革命"、军阀混战的全民反佛，抗日战争及国共战争，佛教度过它的沉重、衰落期。新中国成立后，"镇反"、"三反五反"及"反右""四清"，特别是"文革"，佛寺被捣，佛像被毁，佛徒惶惶如丧家之犬。民族受难，佛教也跟着受难，可以这样说，佛教是中华民族复兴或灾难的"晴雨表"，佛教受难，民族必定受难。这是二千年中国历史用血和泪写下的记忆与教训。今天，只有邓小平时代，才使佛教重又振兴，才有二千年如此大规模的庆典和慈悲。

云峰把一百多幅祝贺庆典的书画挂在大雄宝殿里，让民众、信众也让三宝大佛和众菩萨、罗汉共同欣赏艺术，历史如此把佛殿变成美术馆、博物馆，是瘦瘦小小的老人大胆的创举，开历史之先河。

这一天，在光孝寺里，人们说：天际上看到了佛光。

云峰法师是海康人，原名朱富。因为祖辈信佛，父母在家修行，而伯父、姑母均已出家。老人年少时家贫，七岁丧父。为了有饭吃，十岁的小云峰便在湛江上林寺剃度、拜师。后来，又和几个小和尚到香港大屿山宝莲寺佛学院读书三年，16岁在该寺正式受戒，17岁回湛江上林寺当和尚。

新中国成立后，他被选为湛江市政协委员，带着一帮和尚、教徒参加生产劳动。到了1958年，云峰在北京佛学院学习了一年，1959年毕业被分配至广州六榕寺。由此六榕的千年文化积淀熏陶着他；六榕的悲欢喜乐、升沉跌宕也使云峰随之悲欢交杂、辗转反侧。

1966年"文化大革命"，云峰一夜之间从"住持"变为"害人虫司令部"的头头。半生积德，处处为善的素袍、芒鞋，终生茹素的光头和尚莫名其妙被打入另类，中国历史的怪诞演变，触目惊心。恶之花尽情地灿烂绽放，就在那挥挥手之间，多少罪恶假"革命"之名而为之。有人冲进大殿朝代的铁铸六祖挥起大锤，锤砸在六祖像头部，却反弹过去震破"革命群众"的虎口，再砸，像仍丝毫无损，几个人见此怪现象心怵、心虚与心悸，只有手痛，于是狼狈而去。三宝大佛砸碎了，功德堂、说法堂拆了，观音堂又被捣毁。这期间又被一些人进驻，接待厅、僧房、斋堂甚至大雄宝殿均借各种原因拆去。留下的六祖铁像、玉佛被扫地出门，堆在云峰住处，老和尚天天与偶像们朝夕相处。六榕已经是寺不像寺，和尚们家不像家，留下一座山门，孤零零一座花塔，"支离破碎，面目全非"是当时六榕的惨相。老和尚再也没有笑容，七斗八斗之后被遣散到街道办的工厂去糊纸盒。和尚们走的走，散的散，被迫还俗的还俗，留下云峰、新成两条可怜"虫"无家可归，无俗可还。十年里凄风苦雨地龟缩在破庙烂屋里，与塞满一屋的菩萨、罗汉相依为命，共渡艰难。"文革"十年，是这位海康人的一大劫。

翻翻云峰主编的《六榕寺志》，从1980年开始，老和尚不断地向政府、统战部打报告。在编的函件、政府回复、通知的已有21起。他不厌其烦、锲而不舍地为修复大雄宝殿、观音堂、功德堂、说法堂，修复花塔、文物归还、借用房屋归还等等打报告，据理力争，为六榕寺一点一滴的恢复呕心沥血。这些笔墨官司足足打了10年，由黑发变成白发，由60多岁打到70多岁，云峰越打越精神，生命越打越旺盛。六榕寺也慢慢地一天天起变化，失地和残破的寺庙收复了。从20世纪90年代到2000年，云峰又用10年时间恢复六榕寺元气，铺砌、建设六榕寺的每一个角落：各大殿都恢复了，特别又建起藏宝阁，花塔翻修了，菩萨们都装了金身，道场复原了，经、志又出版了……一个完全崭新的六榕寺，被老和尚一钉一铆，夜以继日，不辞劳苦地奇迹般打造出来。又是一个漫长的10年，云峰的白发更白，体态更瘦，寺庙元气上去了，他的元气却颓败下来。药吃多了，饭却是两条青菜，两汤匙米饭，一杯清茶。一切一切，这位完全脱离物欲的老头只有默默地干，没有功利心，只是妙有与真空，一切一切如释迦拈花，迦叶微笑。这是云峰的大功德、大清凉。超脱于尘俗，超脱于喜乐哀伤甚至生死，又以其大爱之心投给人世，慈悲万物，种下善果，培植善良。

六榕，发轫于刘宋之南朝，又由苏东坡手植六棵榕树而得名。一千多年前从这里就升腾起一种浩然与善良之气，呵护着南蛮广州这块葱绿之地。因为有了此气，此地的人们才不至于相残、相斫、相食、相掠夺，才得以平静、安宁、相守望、互友爱、共富裕。人类的文明，大概不是读了两本书，知了几种"主义"，就能包医"动物性"的。这股永恒之气，是几千年来由此地的书院、寺庙、教堂共同熏陶、培植、发展，历经积淀而生成的，它"温润而慈悲"，守护养育着这个城市，默默相承，以成文明。20世纪整个极端年代激成了各种"主义"疯狂试验，更打着"科学""无神论""反传统"的旗帜向善良、诚实开刀。书院、寺庙、教堂往往首当其冲，杀伐善良往往又从书院、寺庙、教堂开始。历史的血证多的是，历史的创痛、伤害无以复加。可惜我们的民族一次次失忆，到了今天，我们还在寻找痛哭而去的善良与诚实，才又反省我们的父辈包括我自身所犯下的刻骨铭心的罪过，只要是还有点良知的人，才感到必须忏悔。

云峰泡在这失去善良、诚实的痛苦漩涡潮流中，替天下受难，只有他是干净的。

六榕寺的住持云峰，也主持着、守护着善良。他泡在那个疯魔、癫狂的年代，投在那失却善良、诚实的可怕灾难里，在人与人互相仇恨踩踏伤害的漫长日子里，受苦受难，沉默与忍受着。他是这座城市善良的标志、灵魂。佛曰：我不入地狱，谁入？面对这些身处俗世洁净而善良的个体受难，我痛感我们这个民族是一个很不成熟的民族（动乱周期频繁，"覆舟载舟"的游戏恶性循环、密集，且更毫无意义就是明证），也是一个容易被仇恨煽动而主张复仇、斩草除根的民族，不够宽容的民族（别说反对意见，不同意见也屡起大狱，上纲上线，置之死地而后快），我们最大的缺憾就是不够重视善良、缺乏宽恕。中华民族不重新认知这个严重的基因痼疾，将是我们永久的悲哀，迎接的将是永久的灾难。

在我心目中，这个城市最善良的人云峰离我们而去，紧接着又从佛协里传来了他近于奇迹般的故事。和尚圆寂后，人们把他送往殡仪馆，仪式完后再送往火葬场。新建的殡仪馆巨大气派，全空调与全现代，一切都用电脑控制，动动按钮，全是自动化服务一条龙。云峰被推进火化炉，奇怪的是炉门却怎么也关不上，关不上就不能操作。对于殡仪馆，电脑失灵的事还是第一次，结果，折腾检查所有机件不得要领，弄得全体上下莫名其妙。随行众僧人面对此等奇怪，频频围着炉口叨念佛经，在大约半个小时的阿弥陀佛朗诵声里，炉门突然自动关上，众人惊骇。待到炉门重开，云峰骨灰推出，大家惊奇地发现，骨灰中散着五只佛牙，十多粒红、黑、白色的舍利子，异常夺目。这是广东佛教界的大事，新中国成立后能有遗世舍利子的高僧，虚云以来，云峰是第二个。

云峰喜爱、尊敬苏东坡。因为1959年冬以后，老人在苏东坡遇赦北归到过的六榕寺常住，因缘际会，每日面对东坡遗迹，特别庆幸与自豪。老人一生学养深厚而文字不多，却对苏东坡分外依恋，为文最长的一篇《一蓑烟雨任平生》留在了他编著的《六榕寺志》内，别有深意。文中，他引用南宋诗人陆游对东坡的赞叹："不以一身祸福易其忧国爱民之心，千载之下，生气凛然！"寄托自己的景仰。秉承此种"生气"，云峰度过了人生的82年。老人又特别谈到东坡一生的与僧结缘，归宿向佛，慈悲喜舍，金刚怒目，不顾身害，菩萨低眉。愿众生离苦，以出世精神做入世工作的大美、大爱。印证东坡，以其"生气"养老人浩然之气。

"青竹黄花意自闲，久参玄旨叩禅关，南华悟得真依处，不负浮生一往还。"云峰有感东坡而写的诗，无疑也是写自己。

雲上的老頭

"一蓑烟雨，无悲无喜，也无风雨也无晴"，一任"生气"凛平生，主持"六榕"四十多年的省佛协主席，飘然而去，满天飞花。

六榕之于昙裕、王勃、东坡、天然、虚云到云峰，我明白了山不在高，有仙则名，水不在深，有龙则灵之意味。地灵而人杰，挟一千多年灵异之气的六榕，能出云峰如此人物，实唯事出有因，顺理成章。

就在2002年那次最后与云峰拜别，回来路上没有悲喜，脑海里突然冒出一句"为往圣继绝学，为万世开太平"的古语，萦绕盘旋于脑神经，不断地默诵，进而自语喃喃，直至从六榕路回到朝天路跨进家里。怪怪的怎么老在脑袋内身不由己地叨念？这是说给云峰大师的！呵！何曾不是大师说给我的哩。

当天，我记下了这一阿弥陀佛满天飞花的情景，记下了这一段绕于脑际、挥之不去的话语。

云峰大师安详。

云上的老头

这10年，我一直喜爱那位站在云端上的老头，此老比黄永玉写的"比我老的老头"不知老上多少倍。梳一发髻，发上插一骨钗，穿一道袍，持一拂尘，肥肥白白，穿梭于云里、雨里、雾里。他也姓黄，名公望，他是元代的人物，相距现代已近700年了。

黄公望入全真教，以卖卜为生。卖卜，按今观点来说，迹近于或肯定是贩卖迷信、宣扬封资修一类的江湖术士，在职业上是被取缔之列。然而元代卖卜比卖画容易，否则黄老先生只需画画，由此也可看到元代的经济衰落、文化凋零，不像清代中叶的扬州、南京，文化艺术较还有可观处，能养起扬州八怪、金陵八家几只老妖怪，"闲时写幅青山卖，不使人间造孽钱"。文人们还有些惬意之处。元代坐第一把交椅的艺术家黄公望只能卖卜，难能卖画，也真是可怜无处话凄凉。比起现代我们不少幸福挂满脸膛，卖画有如卖瓜菜，开口满是"车比别人靓，冰箱比别人酷，连微波炉也比别人高一档次"的画家们，黄公望老头只有瞠目结舌，赶快闭嘴，逃跑而去。

公望早年跟赵孟頫，赵是宋皇室后裔，授兵部郎，集贤殿侍读学士，翰林学士承旨，卒赠魏国公，颇受元帝看重，很有统战对象意味。当其时，孟頫于元初已是文化之表征，书法、绘画冠绝朝野。公望能亲近，倚门受教于如此一流人物，实谓他50岁后潜心绘画，攀上一流大家的前定因缘。

然而，人生遭际之无常不测，颇具戏剧性。人到中年，黄公望这位钱粮小吏，小小的公务员，因上司违法，连带也把他掷进牢狱。委屈、愤懑、折磨、煎熬、奇耻、大祸，精神打击之残酷，身体摧残之无情，令黄公望如五雷轰顶，死去活来。那份惊恐、伤痛、心悸，使黄公望脱一层皮，换一副骨，一场祸事把他逼进穷巷而走投无路。人，大概有不少惰性与慵懒，没有这大祸大辱，公望会依然扮演财政局或粮食局的小干部模样，精于算盘，打着哼哈，当个小男人时不时搞些小动作、小意思的衙门玩艺。一份既有头面，又有稳定收入的公务员岗位，容易吗？人，往往又是穷而后工，逼进绝路，狗急跳墙。

公望出狱后，四处无门，冷眼遍布，俗世的冷暖如鱼饮水，也只有佛门、道观播散着永远的慈悲，永远的抚慰。空门向他招手，黄公望于是遁入。没有一场祸事成就不了元代第一流、第一位的大艺术家。造物主也古怪、神秘，常常这样创造着人间的历史、人物、奇迹。

因为那场堪称震撼神经、灵魂的戏剧上演，把本是小知识分子的黄公望造就为震古烁今的大人物。

自此，公望携平静、淡泊的心绪，终日于荒山乱石丛木深筱中徐步悠闲，"意态忽忽，人莫测其所为"，人们大概以为他得了精神病，发其神经。于是，"又居泖中通海处，看激流轰浪，风雨骤至，虽水怪悲诧，亦不顾"。这也是"傻帽儿"的古怪，有鸟语花香而不至却任凭风吹雨打，人们越发肯定他得了精神病。"其时，隐居小山，每月夜，携酒瓶，坐湘桥，独饮清吟，酒罢，投瓶水中，桥下殆满。"想想，一个傻呆醉汉，桥上自言自语，日积月累在那里喝酒扔瓶，桥下满是小山冈般的空酒瓶，简直是今天的垃圾虫，精湛的后现代行为艺术。

古怪黄公望的古怪举动惊世骇俗，他在大自然的变幻莫测中锻炼心智，在雷霆万钧、风狂雨猛中涵养静穆、平淡，在矛盾最激烈冲撞中找回平衡。回望深受摧残的岁月，他调养身心，疗养伤痛，找回一种身心康健与心灵自由和宁静，彻底放松。他锻造出泰山崩于前而色不变的冷淡、沉着，不为任何造物役使的潇洒、超脱。

公望是提倡"士气"之第二人，中国文人画首倡"士气"为苏东坡。"观士人画如阅天下马，取其意气所到，乃若画工，往往只取鞭策皮毛，槽枥刍秣，无一点后发，看数尺便倦。……"他把士人画与工匠画分出界线，强调"性灵"，强调文化修养，强调清俗、骨气。因为他的强调，使日后绘画变得越"贵族"，也越奢侈。香港现代作家李碧华谈到骨气，"骨气"其实是一种奢侈品，常敌不过一切"实实在在"的东西，大家无话可说。她敬佩一切自重、自主、自立的精神，谓之，"偶然，还是有的。"苏东坡倡导的文人画也取决于"偶然"，因为"偶然"，才是贵重。这也是文人画的精神境界。

黄公望所处的元代，统治者把人分作三六九等，十儒九丐，知识分子属第十流，排在妓女、乞丐之后，打击、排挤、压杀之残酷，对比前朝可谓史无前例。文人们落魄失魂，落荒而逃，从未经历过如此大黑暗。一部分人于是拼命把民族精神、气节伸张在纸上，用大自然植物的品性托付于人性。如郑所南、黄公望、王冕诸君，梅、兰、竹、菊、松、柏六君子，生发一种大丈夫的不屈，标举人格的高洁。此种民族高贵、优美的品质精神与气概，黄公望谓之"士气"，于是绘画的价值取向由他生发出一种人文精神、反抗意志，独立而不随潮流俯仰。其实，此种精神之价值一直是儒家的人文传统，孔孟就有很多的论述。天崩地裂之际，才由这批文化人放荡而出，成为中华民族优秀精神屹立不堕的中流砥柱。

我们敬仰黄公望的绘画，固然有他的艺术独创性、先进性，然而，他的人格的独立、刚正，生出一种天地间的浩然之气，才是值得我辈充分估量的。高洁的人格也是奢侈品，遇到了"实实在在"，我们，包括我也无话可说。大师来得不易，满世界"大师"的今天，也是异常搞笑。

50岁后的黄公望意态忽忽，有着一流的脑袋、学养、境界，一流的绘画技巧，终日背着纸夹、皮袋，对着实景以大自然为师。600多年前，他就是提倡写生、速写的开山之父。中国的绘画重师承，重临摹，且临摹必自老师为始终，排斥其他派系，不容异己，这种风气一直蔓延至民国及现代。公望学赵孟頫，却跳出赵的窠臼而亲近自然，比赵画得更精彩。其清醒、智慧，使他成为500年内第一人，成为元代山水画第一人。日后的明四家、清四僧、四王、八家、八怪，甚至于张大千、黄宾虹都得仰首张望，拜倒其下。都从黄老夫子的肩膀爬上去，老头的魅力简直没法挡。

黄老夫子的绘画取势多从山岭俯瞰，一直用视觉从天空高处睨射下去，越射越远。那幅《天池石壁图》鬼斧神工，震撼心灵。从云霄中望下去，层岩叠嶂，山体巍峨，河道弯曲盘旋，怪岩乱石嶙峋铺砌，嘉树千株，屈曲万状，云遮雾罩，缥缈而流散。没有硕大的气魄、风韵，磅礴的度量，谁敢为之？比照后来明四家——文征明、唐寅、沈周、仇英气度便见弱势，画不出黄画的博大气象。这是荆轲刺秦、聂政刮脸之白虹贯日，又是祢衡击鼓骂曹，颜真卿血溅逆贼的气吞万里如虎，使"气"也是极奢侈的。

黄公望绘画强调带士人气，即士大夫气，用墨也强调"士墨"，就在于创作灵感上刹那间的电光石火、大丈夫气度。"天地有正气，杂然赋流形，下则为河岳，上则为日星，于人曰浩然，沛乎塞苍冥……"文天祥的《正气歌》对从春秋战国开始的各种"士大夫"人物的歌颂、赞美，对独立人格完善的敬意，使之上升到中华民族精神力量的神圣高度。直道而行，正气浩然，乃孔孟之道的核心精神，由此生发的仁、慈、诚、信、智、勇、义、孝等等普世之人文价值得以发挥。梁漱溟将孔孟之道简化为"正大光明"四字，乃是人格光辉之归宿，此四字成为支撑着中华民族大厦历遭劫难、屡仆屡起的强大精神支柱。士大夫精神体现了普世之人文价值，中华民族精神体证了伟大永久、神圣光辉。

画家人格上带士大夫气，在谢赫六法中第一法的"气韵生动"已有表述。过去我们总认为"气韵"就是笔墨之旋律、流转，以"器"为"气"，甚至以为"气"功，诚然有误也。其实艺术家个人养蓄"士大夫"气，绘画才能"生动"。譬如第二法之"骨法用笔"，也不是只强调线条之力度，仍是"士大夫"之骨气、骨头，那种不畏势、不重利、不惜命的节操气度。

画家人格品质气质一流，生产之艺术必是一流品格，一流之优美，诚是种瓜得瓜的辩证。观历史上有成就的人物，有大成就的艺术家，其人文品质之优美，尤带士大夫气。他们直与帝王将相平起平坐，傲岸而豁达；不为物役的超然，平淡而通脱；悲悯于人间的大爱，博大而慈悲。上下一视同仁，无奴性、无媚骨；对权势、金钱高视阔步，保持距离，无卑琐委顿之气。

功利此俗物容易使人性产生邪恶及不择手段。对名利不肆意追逐，不狂热攫取，淡泊如浮云者，士大夫也；平视权势、贵胄，诸侯不能友，王者不得臣，德行卓绝，士大夫也；高仰气节、骨头，标榜特立独行，不随风俯仰摇曳，士大夫也；直道而行，正大光明，甚至为之贯注心血，牺牲而在所不顾，士大夫也。如古之比干、关龙逢、颜真卿诸君，苏东坡、韩愈、范仲淹之辈，均千古人物。厚德载物，慈爱他人，宽容异己，悲天悯人，积德而储善。"衙斋卧听萧萧竹，疑是民间疾苦声"，怎一个感人的士大夫之悲悯，没有"大爱"，不要当北京大学校长，这是北大校长许智宏的登高一呼，此至善至爱，士大夫也；不以功利主义为人生之态度，保持精神上对俗世的清醒，富贵不淫，贫贱不移，威武不屈，此士大夫也。

真善美为画家之讴歌，艺术的功用使人性优美。画家人格上、品质上没有此等人文要素，怎么可以称艺术家哩？苏东坡把工匠画与文人画分流、批判，完全是有其历史意义及哲学伦理的。傅抱石云："人品不高的不得其门而入。"人品即如人文，没有优美的人文素养，人文修炼、熏陶，连门口也找不着。人格的锻造与人文的积累成等号，人文的累积又体现于画家对物役的深浅认知，人文的处事、判断、取向，因而成就优美。至今在安徽、在富春江都有着很多黄公望仙去的传说，神仙黄公望在民间有着众多优美故事，大概为众多老百姓干了许许多多的"好人好事"。他是一位站在云端上的人物，距离于俗世又关爱于俗世，难怪民间老百姓对他仍是那么地依恋、崇敬。

历向绘画谈士气，玄之又玄。苏东坡谓，"浑然天成，粲然日新，已离去画工之度数，而得诗人之清丽。"黄公望更玄："意思，意思而矣。"倪瓒曰："逸笔草草，聊寄胸中逸气。"等等。倪瓒的逸气说稍比前两位点题。还是傅抱石说出了究竟，他说："故中国画是最精神最玄的学问。有的五日一山，十日一水，倒不及草草数笔。不及的道理，前者是成功于技巧，后者是发生于性灵、以人感人。技巧的结果，博不了多数人的鉴赏，唯有精神所寄托的画面，始足感人，而能自感。"以人感人，文化的最后成果为人格，一以中的！清人沈宗骞说到黄公望："笔墨出于手，实根于心。鄙吝满怀，安得超逸之致？矜情未释，何来冲穆之神？郭恕先、黄子久人皆谓其仙去，夫固不可知，而其能超乎尘埃之表，（站在云端）则其独绝者。故其手迹留存，后世得者珍逾拱璧。"纵观历代历朝人物其大成功者，都有一种与尘世的距离感，保持一种空间与距离，好作哲学思考，此之谓也。

公望50岁始专注于画，他更是一个开宗立派、自立门庭的大家，开拓了"中国自元以后把绘画看成画家一切的寄托，是画家人格思想再现，是纯粹的艺术，所以绘画的价值是至高无上的"（傅抱石语）艺术上的精神高度。董其昌把他誉为"元四家"之首，不无道理：

一、他提倡写生、速写，意态忽忽。

二、他生平不用绢素，唯于纸上写之，大概无钱买绢之故，索性用纸。用纸更提倡生纸而不用熟纸。熟纸经过矾染，"着笔带涩"，后人绘画用生纸经公望确定而成创建。用今天的话来说，就是"创新"。

三、他标榜画家要有"士人家风"，即士大夫气度。此前已谈，真、善、美之谓也。

四、开绘画寄乐于门庭。倡求画家之高蹈远行的精神境界，绘画成为生命之寄托、安慰。

黄公望懂术数、卜巫，是个预言家。术数、奇门遁甲、铁板神数之类他都懂，因为神秘，史称他羽化成仙。当了仙人故事多多，写起小说或民间故事、传记来可与苏东坡相类比。中国画家出了几个伟大人物，其中苏东坡、吴道子、李公麟、黄公望都有许多神奇的传说，与国外画家达·芬奇、米开朗其罗、凡·高、毕加索不同的是，西方画家是实实在在的凡人，七情六欲、吃喝玩乐、悲喜苦乐都可以从中触摸，中国的画家却虚无缥缈，玄之又玄，捉摸不定，更是跑到天上，变成神圣。东西方文化的不同就此可见一斑。然而，两种文化的相同点就是艺术精神上的至高无上，人格上的至善至美，给人间一种精神上的崇高寄托，留一片美好。殊途同归。

古典形态的士大夫黄公望确是个学习孔孟之道、老庄哲学的先进模范人物。中国的古典文化令人骄傲地养育出很多优秀的可歌可泣、魅力四射的精英；也出了不少令我们子孙惭愧的奸贼、腐朽、卑琐的丑类。美与丑总与世界永远地比较、依存，生息延续下去，一万年后也是这样。我总怀疑拿传统文化批倒批臭的激进举动的实际效果，我们批老祖宗批了100年，到了登峰造极的"文化大革命"，事实上已把中国传统文化斩得分崩离析，洗擦得"干净""纯洁"，结果又怎样哩？今天，现实所反映的人文困境，正好为我们对过往的文化批判提供了反省的思考。

云上的黄公望对着我们微笑，笑得神秘与安详。他驾着云头，来往于虞山与富春江之间，时不时意态忽忽，挥动神笔，写人间美好，带给大地祥和安宁。我想，八仙中应该再多增一位，既然有乐神韩湘子，怎么可能没有画神黄公望哩？反正老头子又在天上，都是志同道合可以团结的对象，九仙比八仙更为完满。

黄公望是我们现代人艺术上、性灵上、人格上不可企及的高峰、星斗，吾虽不能至，心向往之。

苏东坡说："吾上可以陪玉皇大帝，下可以陪卑田院乞儿。"这是何等的士大夫气魄。我们哩？包括我自己，一批批人见到上司马上现出奴相，见到总统就脚软，甚至激动万状，手舞足蹈，狂呼万岁。何况见着掌管皇上的玉皇大帝，怎么个陪？见着世间最可怜的下层乞丐，不是避之则吉，就是仿佛如无物透明，甚至不屑，开骂，以为每个乞儿讨了钱回家建个刘文彩式的大庄园。怎么个陪？

人格的善良与独立离我们越来越远，仰望着苏东坡、黄公望，我们只有惭愧。

唉，他们都在云上、天上。

从十香园谈起

岭南的"怪异"来自比较中原的地理、环境、气候的相对独特，南蛮与獠聚居之地的说法早就出现在两汉、中唐。那时，黄梅的禅宗五祖，面对岭南来的慧能，他就常称为南方来的獠。可见，那南方的酷热，蛇虫鼠蚁出没横行，山林瘴气的毒水邪雾，令繁盛的中原人士屡屡视为不可居、不可活的不毛之地。历代于是把岭南作为首位的流放去所，几近如今北边苏俄的西伯利亚。倘若谈到文化，也几近"沙漠"，文明更是无从谈起。

然而此地也怪，到了中唐，突然由"獠"出身的慧能六祖爆出极端虚无主义的禅宗学说，风靡中国日后一千多年。五祖从这位春米僧的偈语中不得不心里佩服，待到三更半夜，向六祖传下衣钵，亲自撑渡，再送一程。自此而揭起了佛教革命的平民化和中国化，一花五叶，流传千古。

到了明清两代，岭南开始富裕，文化只在发芽，而来自统治者堆里又一直传说此地常常冒出"皇气"，所以有广东明代朱亮祖在越秀山上建起"镇海楼"，镇压"皇气"之故事，又有清代提督张仕贵，天天开炮轰击广州白云山摩星岭打刹"皇气"的传闻。越秀山、白云山分别是广州新旧两条城市中轴线的起点，风水学说谓之一城之气脉。气脉中有皇帝的气象冒出，对当朝统治者当然是不吉利的兆头。越秀山的五层楼至今仍镇在山上的最高处，而白云山的摩星岭也是此山的最高部分，正对广州最高的楼层、天河的中信广场形成新的中轴线。山体中间有山涧名曰九龙泉，龙者皇也，泉者升腾水蒸气也，事关风水。有皇气必是造反之地，提督张仕贵天天例行公事似的向摩星岭打炮。到了我们儿时，我又常常听到广东一歇后语说："张仕贵炮打摩星岭——望一望就走。"那是说张经年累月地打炮，打到疲惫、厌倦，以后照样天天到打炮地点，炮已不打，但总归要望望山头。怪又怪在到了晚清，居然打着拜上帝教旗号的洪秀全，猝不及防地造反当了个半壁江山的"天王"，领导震惊中外辛亥革命的孙中山当上了中华民国第一任临时大总统。洪秀全当了几年天王，孙中山当了一个多月总统，异常短暂的经历，据说是两人被当地风水给捣糊了。"楼"镇在那里，"炮"打残打散了"皇气"，没法子可想。其间又横刺里冲出一位震撼全国的维新人物康有为，其学说倾倒众生。然而，百日维新，也只百日。都是短命的。关乎风水，关乎国运？然而对于这片文化并不深厚、普及，优异人物也并无几何级数增长堆积的地方，突然出现几位划破历史长空的人物，也特别令人感到此地的古怪与神秘。

相对于政治、学术，岭南美术也在明代发其独特，一会儿之间又产生一位名重大江南北的人物——林良，作为明代宫廷待诏，他与吕纪几乎是明代花鸟画顶级的代名词。

如论厚积薄发，在岭南这块土地突然间出现的几位划时代人物，很难说是从文化层级上逐渐众星拱月地产生出来，往往在突然间，打一个趔趄，一个闪失而爆出，令满世界皆惊。辛亥后的黄埔军校，国共两党出了那么多的将帅，到了20世纪80年代后的特区深圳，最先开放的广东广州，说句玩笑话，直至几年前呼啦啦冒出的"非典"，也是明证。"非典"，来无头，去无踪，史无先例，一爆发，满世界为之惊悚，避之唯恐不及，这也是怪异。

因为它的怪异，1937年远在南京的傅抱石就在《民国以来国画之史的观察》一文，谈到岭南："中国的文化，是从西来的，是从黄河流域发展到长江流域，再到珠江流域的。就东洋而言，从天山东走，到朝鲜，再到日本的。若是截开来看，在现在的情况，据个人的管见，似乎可以把文化的高下，随时代看成一个反比例。即是文化发达愈早的地方，现在愈不行，愈倒霉。反之文化后起的地方愈前进，愈利害。日本是后起的，印度早古，但也是最苦。在中国，珠江流域是后起的，黄河流域的西北最古，也最苦。假如这点推想有点像，那么，中国画的革新或者要希望珠江流域了。"傅抱石这里的评价有点地理文化决定论，不过，就岭南画派的生长发展而言，最早提出改革中国画并为之实践的，倒是在珠江流域的广州发生。而岭南画派在辛亥革命前后，打出折衷派要求变革的旗号，恰好又应了岭南的一会儿的怪异，在大众毫无心理准备及文化积累基础薄弱的情况下，由一群留学日本的海归派，在上海办起了《真相画报》，开南蛮在全国艺术上的改革派系，瞩目大江南北，冲击中国绘画的五脏六腑。

　　当然，清代的广东美术也有一批彪炳史册的高手，像黎简以诗书画三绝并称；像东莞的张穆画得一手好画，为了画马，他干脆养起了马并天天摹写；如谢兰生的山水，苏六朋、苏仁山的人物，加上高剑父师专居派花鸟，有清一代都是一批可圈可点的人物。然而这些人物都因地理因素，阻隔于五岭，文化又处于边缘，大都在中原"没世而不彰"。所谓名不出岭南，这也是广东文化的怪异。著名的香港学者周锡䪨却说：这是岭南人历史传统的"不幸"，假如你不曾到中原去"亮相"或得到国内某位名流的赏识，那么，凭你有天大的本事，也注定要"没世而名不彰"。

　　不鸣则已，一鸣惊人，没世不彰与举世皆惊两个极端带给国人对岭南文化的神秘感与怪异感。岭南画派的成因及其发展已成为中国历史上学子人数最多，影响最广（直至欧美），纪念地最众的一个流派，也随之成为国人直到今天仍不绝地反复叩问及争论不休的话题。

谈岭南画派，我们得从十香园谈起。

从十香园谈起

广州的十香园住着岭南画派的两位先祖——居廉、居巢。著名学者周锡𫐐谈到居廉、居巢的花鸟画，谓其在宋孟之间，宋光宝和孟丽棠直接又均从清代花鸟画主流派恽南田那里继承。

周锡𫐐谓："居巢拜宋孟为师，居廉则私淑两人，并时时临摹宋光宝的作品，偶尔亦作几笔花鸟。他曾刻一印，文曰'宋孟之间'，可见他们对宋孟的取舍，吸收。"

傅抱石谓南田"夙以父兄志，誓不仕二姓，自号抱瓮客，安命听天，不知户外为秦为汉，可知其气节。"又谓南田"憔悴枯槁，犹可想骨性之殊傲，南田岂独诗画传世已哉？其位置亦不在王冕、沈周之下。"历史上居廉居巢同样持有气节高韵的心境，所倚师门，取乎法道自是心性相连相通，同出一脉。可见，选择恽南田是他们的性格使然。

于是恽南田到宋光宝、孟丽棠，再由居廉、居巢发扬光大，在南方的十香园传至高剑父、高奇峰、陈树人之岭南三杰，振起一代雄风。

不图临难得古泉一人

现代人缺少什么？作家王开林有段颇有意味的感叹：缺少血质，缺少疼痛，缺少钢铁般的誓言和玉石性格，缺少不畏势、不重利、不惜命的义气，缺少自自然然的浪漫激情和专致投入的献身精神。

甚至缺少眼泪。

居廉（古泉）是高剑父的老师，高剑父是这样描写这位古泉先生的："时值粤乱（指李文茂起义及太平天国起义），张敬修办团练卫里，军以勇称，奉师檄词广西防剿，因聘居巢、居廉兄弟入幕府。师遂从兄转战桂林。时张军转战深入，敌势骤盛，被围匝月不下，又乘西潦决水灌城，危城欲破，张幕僚属逃避一空，独吾师效死勿去。张问何为不去，师曰：'公报国家，我报知己，两无憾矣。'是夕军牒调防，转驻既定，张敬修顾左右叹曰：'不图临难得古泉一人，真肝胆交也。'"

不图临难得一人，众人皆鸡飞狗走，大概是人类的通病，或人性的规律。特别是中国，所以有鲁迅先生的透彻："中国少有单身酣战的勇士，少有敢于抚哭叛徒的吊客，见胜兆则纷纷聚集，见败事则作鸟兽散。"任何个人不同形式的"临难"，身边难得几人共风雨。

一个讴歌大自然的艺术家，用真、善、美陶冶自己也熏陶别人，人格并没有分裂，大难临头，危城欲破，想的是良知理想而不是自己的性命，贫贱不移难，威武不屈、用性命去赌道义更难。肝胆俱裂的时候，你去试试，仗义多为屠狗辈，全体幕僚逃避一空，帐中只有效死勿去的张敬修、居廉两个知识分子"傻佬"，能不叫人肃然？翻遍中外美术史，如星载斗量的大师、巨匠、画家，能遇此突发事件，又如此美丽地独特表现的能有几何？

这是孟子所说的大丈夫气，又由苏东坡黄公望倪瓒再演绎为士大夫气，再就是文天祥所说的"于人曰浩然"的浩然之气。这就是"中国精神"！美国人常常自豪于他们的"美国精神"，两相比较，"中国精神"也足令美国人折服、敬仰。岭南画派也诞生在这种精神之中，"它"是由这种大丈夫的精神支撑着的，它延绵至今，人才辈出，群体宏大，影响力深远，归根到底是以这种精神为出发点的。存在有其理由，发展有其道理，处天下之正道，立天下之正位．合乎天道，由不得岭南画派不辉煌。十多年前，有人批评岭南画派无足轻重，一是有人并没有下死功夫去研究；二是有人一知半解地匆忙"抢闸"；三是有人的传统"流品"意识作怪。仍是受那种因"过激"极"左"不获罪，反得升迁的近代功利主义思潮运动所煽动。

"不图临难得一人"。因这句话想到那"无足轻重"的评价，这种"不图"的人生价值的重量是无法用功利金钱去计衡的。高剑父这棵果实就是从居廉的人格土壤生长起来，又由他生发出这种"士大夫气"，继而产生一个南蛮广东远古至晚清从未出现过的第一个影响深远的画派。它的出现，是人格美丽所生成，岭南画派此成果，是人格发展的最终表现。画可以无足轻重，而人格却是千金难买，传之千古。岭南画派的艺术不在于多么美丽，而在于印证了中国绘画从前现代，转向现代，它开的是风气，发的是新芽。而其间，中国文化的优秀精神和人格更新、再生，更有顽强的生命力，横扫明清两朝文化的颓败之风气。这是历史关口造就的一种必然性，老天爷终于注视着充满希望的崭新的珠江流域了。

淡然归粤，高隐故乡隔山

中国的"官本位"意识根深蒂固，读书人唯一追踪的目标是读书做官，一展生平抱负。居巢居廉反其道而行，不以功利为计较。广西事平，张敬修每见袍泽必盛誉古泉，由是将帅莫不肃敬，居廉之名闻于全军。于是，朝廷嘉奖下来，赏花翎，以军功奖即用知县。升迁的阶梯正在向他招手。然而居廉此时即终止为官的"游戏"，淡然归粤，退居林下，搜集奇虫异卉，专事写生。47岁离东莞返广州，结画室于隔山（十香园），以教画授徒为乐，30年晚景清福，足不入城市，家不储石粮。而束膏火，丹青润笔，足给衣食，苟非其人，仍拒诸门墙之外也。

在中国，当官与当教书匠也即是要当老虎还是要当牛羊那么简单，叫自个儿选择也没有居古泉的决然与傲岸。居廉的人生态度、艺术与人格给高剑父、高奇峰、陈树人有刻骨铭心的影响。因其师之处世，多少给学生们、甚至影响到学生们的学生们，即如关山月、黎雄才、赵少昂、方人定、苏卧农等一大群，也给他们日后的人生道路带来有所不为的坚忍。简直是宿命。

紫梨花馆

100来年后，2002年5月的一个上午，我第二次来到十香园。这个充满人文气息，流传着不少美丽传说的居廉居巢故地已相当破落，小园久未修葺，荒芜、无助与破败夹生着杂乱的花草横木，门口一副对联却十分鲜亮："香园宜新绿，珍卉合春盟。"这是居廉曾孙的手笔。寄予希望而又无奈综合了居氏后人无尽的等待。等待什么呢？各方报纸及文化部门几乎隔两三年就呼吁一次修葺"十香园"，因为是文物，因为从这里走出了一个岭南画派。从20世纪80年代到现在，它依然如故，叫得个叫字，会哭的孩子也没奶吃。

居玉华

居玉华是居廉后人唯一健在的孙辈，七十多岁矣。腿已因病走动不便。然而，她仍硬撑着走到门口，笑吟吟地欢迎你，她要倚着门框，才好承受整个身体站立时的重负。她的顽强全来自祖宗们与生俱来的传统的执着。为了保护好这个"十香园"，护卫这块"领土"，她的人生几乎全投入进去。

这个祖宗留下的"十香园"几出几进，要是拆了作为房地产开发，居家早可发财，我如是想。然而，居玉华告诉我的是一连串的故园保卫战的故事，"文革"中红卫兵冲入园内"破四旧"的惊心动魄："家里本来还有不少居廉居巢的老照片、字画，包括两位老祖宗的像，全部说是四旧要没收，我问他们，祖宗像怎可以是四旧？他们却声大夹恶地说：'穿清朝服装就是四旧，就得销毁！'这是什么'革命'？对亲人的怀念也不被允许。"

十香园几乎所有文物被搜索一空，席卷而去。居玉华的儿子从屋里抬出了一块陈旧剥落的"紫梨花馆"牌匾，一幅叶浅予写给她丈夫的字，字下几幅残破的当年照片，一幅50年代画的十香园图景，两幅居廉、居巢的画像，这几乎是十香园最后的所有，也是他们千方百计保护下来的珍宝。我用相机拍下了这些"可怜"。唉，到了今天，人们才又幡然悔悟昔日的荒唐，我们的民族是一个常犯常新，很少总结历史教训的民族。一些新潮的貌似革命的口号，历史上已经不断出现过（譬如，隋唐的反佛，太平天国反鬼神、反孔，辛亥革命后的反宗教等等），亦换过花样，依然疯魔了10亿中国人。

我感动于居玉华，她以此一老身，倚一迈动也艰难的身躯，身越残而志越坚，她的儿子也因"文革"支农期间大病一场而失聪，也有样学样地参加了守护行列。两个残疾人守护着祖宗的一片残地老屋，其实他们守护的是中华民族那份倔强，那份人文精神和那老屋的许许多多的人文故事。人在、屋在、历史在，这才是我们民族的宝贵遗产。

两位身残的人也学会了画画、写字，香火犹存。玉华女士拿出了她手绘的牡丹给我看，红花绿叶、生机盎然，寄托着对生活美好的向往，儿子也当上了大商场的美工，十香园每一屋的门上都有他的字。

十香园的"恶狗"

十香园还有一只"恶狗"，这种属狼科的野兽威猛凶恶。白天被关在笼子里免得伤人，晚上才放出来让它满园游走。他们生活本来就不富裕，谈不上请保安。那狗见着我，似乎要冲出笼外，咧着令人恐怖的大嘴，钢牙闪亮，哮声如雷。治安不怎么让人满意的今天，养上这种狗让它张张嘴，贼见之也脚软。

奖了十位"夫人"给居廉

前几天，几个画人聚会大谈画人之艳福，某举毕加索为例，说毕氏长寿皆因艳福而来，跟着罗列某老、某长辈之寿如是，某男有少妻如是，令书生们喷饭。又有人反对，举老夫少妻违反生物常理往往折寿，某老如何血压爆表，某男如何死于心脏病，莫衷一是。这下轮到居廉，张敬修在可园赠予十个妹仔为妾，真不知如何处置。研究岭南画派的人颇多，未有人提及此等新鲜，如何打发？十香园也只有居玉华一脉，并未有几房人繁衍，又恰是事实。清代纳妾为社会风气，居廉在可园十年，近人张铁文先生在《可园》一书中谈到他日上而作画、日下而与妻妾弹琴歌舞，声色之乐无穷。所画也有十多册，甚至月饼、火腿、腊鸭、蔬菜、果品都入画。可见妾是有的，但十个妹仔都作妾也并非事实。一个广东一流的读书人的眼光也是有所挑剔选择的，试想十个妹仔，四个是猪八戒，两个是母夜叉，三个是豆腐西施模样，够你消受的了。何况其时正当战乱，卖儿鬻女，逃荒走难，所谓"妹仔"，当是穷苦农村青年女子居多，如何入居廉法眼？

草草草堂

以三个草字入堂，在中国园林屋榭中也可算十分特别。张敬修以此命名，有两种意境，一为对自己品行与办事不可草草了之，二为衣食住行却可以草草了之。他回忆自己领军打仗，饮水有尘，吃饭有沙，住在丛林，睡在草地。偶饥，草草俱膳；偶倦，草草成寐；晨起，草草盥洗；洗毕，草草道行。

这草草草堂日后成了居巢、居廉的客居和画室。"雨余窗竹图书润；风过瓶梅笔砚香"，培养着一代大家的兴致与风韵，由此而成就为岭南画派的鼻祖。

中国的文人画强调人格与艺术的统一，大概是中国艺术对世界文化的贡献。这一代读书的知识分子都很重品行与修行，居巢就常常劝告张敬修，甚至以诗来表达警惕他不要再生做官的念头：

岁岁南枝怅北风，得归坚似卧茅龙。

何须幻想身千亿，百树寒香一放翁。

居氏兄弟对官场腐败、"黑箱作业"、"不择手段"、以"功利为依归"、"昧良心为事为人"早就深恶痛绝，立心与"黑幕"保持距离，这是那个年代知识分子的一种独立人格，一种清流。

撞粉法，撞水法

岭南画派以创新见长，居巢、居廉在宋光宝、孟丽棠处吸收了金陵画派恽寿平的养分、精华，稳实了在传统画法上的基础。宋光宝、孟丽棠源于桂林李秉绶的援引，时李捐官至工部都水司，在广西经营盐业，十分富有，他喜爱书画，自己也画，尤喜梅竹。于桂林北郊营造了"环碧园"后，他不金屋藏娇，而是金屋藏画，重金礼聘江苏画家宋光宝、孟丽棠（觐乙）到园作画。其时张敬修与李秉绶交厚，居巢、居廉便不时与之相交，并习其画技。今天可园还有一"环碧廊"，完全是纪念那时桂林的往事和友谊。

对江苏金陵画派的变革来自居廉。性格上的激情与多血质，尤令他有创新的冲动。他特别注意观察和写生，常常把昆虫用针插其腹部钉于板壁（此举残忍了些），或蓄于玻璃箱内，日夕而对。这让他悟出了许多道理，例如光影感、透明感、朝雾朦胧感、凹凸感，突破古人的单调。在画的时候，趁画未干，水分充足时，把画斜架，让颜色聚于一角，画后自行现出干湿透明的调子；在点花蕊时，用少许白粉加入藤黄内，使每一花蕊之中，必有一小小凹洞，与真花酷似。这就是"撞粉法"。画花画叶，古人都先勾勒而后涂色，居廉则以水注入色中，例如叶的向光一面以水注入之，色泽便淡化，叶的背面却着色更浓，这样深浅有序，明暗富有变化，这是"撞水法"。撞水撞粉这种"野狐禅"的举动已经有西洋、番鬼的成分，能不令晚清颓败的画坛大吃一惊？因为居廉的"搞搞新意思"，一种新的前无古人的画法，使岭南蛮荒之地突然间出现一种逼真传神、惟妙惟肖的花鸟画，令中原诸家瞠目相看。

岭南的怪异总在于既有南方的温柔与绮丽，忽然之间又爆出北方的尚气与豪雄。往往像乐曲在靡靡悠然中令人身心舒坦，陶醉，突然，又轰出燕赵的大锣大鼓，更夹杂着西洋音调式的"迪斯科"的急骤嘈杂，令人亢奋与心跳加速。

这就是"南蛮子"的古怪，广东人的癖性，刮目而不可少看的原因。它像一条在草地上无色无息游走着的蟒蛇，柔顺地左盘右旋，美丽地弯曲伸张，冷不丁弹跳起来，咬你一口。

1000多年前，唐代诗人张籍已有诗云："北人避乱多在南，南人至今能晋语。"理解这句话，也理解岭南文化的忽南忽北、时南时北的叫板。唐代的"普通话"已经普及，而广东却能够或者还在讲几百年前的三国、晋代的语音，风骨依然，畅神依然，这是古风犹存、古意仍在的证据，保留最传统的风韵的地方，当在这里。

岭南文化，我们真要用放大镜、显微镜好好地去研究试探一番。

高剑父护佛

岭南画派诸人中习惯称高剑父为高师，高师生于1879年农历八月初二日，这一天又恰好是孔子的诞辰。高师生在此日，好像注定要当教书匠，又恰好日后与孔子同有宗师位置，孔子更是圣之时者，注定为领袖。巧合，也神奇，郑春霆谈到高剑父的生日也有一段怪论："光绪五年己卯，剑父庶出，生日，日者推为大凶日，或主如后稷故事，以为不祥。"总之此日出生不大吉利，凶险异常。而剑父一生，11岁父母双亡，孤苦伶仃，童年、少年皆在极贫困中过日。后求学日本，上岸仅布衣一袭。时东京大风雪，剑父饥寒交迫，几至冻僵。后入同盟会，倡言革命，任广东同盟会会长。制炸弹，任敢死队之首脑，领导支那暗杀团，甘冒生死刺杀清水师提督李准、广州将军凤山于闾巷。黄花岗起义进攻两广总督府，事败亡命天涯。辛亥革命又率军收复虎门、鱼珠，论功行赏，被各军举为广东都督。如此经历岂止大凶，实唯九死一生之玩命。高师在艺术上主张革新中国画，又受到对异端不能容忍的中国大多数文人整体的围攻、谩骂，甚至遭到恫吓，不时收到恐吓信，声言再作新国画运动就要用手枪、匕首来对付。抗日战争又亡命于澳门，穷困潦倒。据说他只有一件西服见人，袖口皆补丁布满，每晚叠好压于枕下，日间穿上依然笔挺。可谓命途多舛，风浪汹涌。出生这一天的孔子也好不了多少，单亲家庭的他年少贫贱，及至颠沛流离14年，危于陈蔡不算，2000年后又碰到一次十亿人民十亿兵的批林批孔的声势浩大的群众运动，批倒批臭，还要被红卫兵们掀尸掘墓。把农历八月初二定为"大凶日"，不知是古人的长期的历史经验积累，还是智慧，抑或是迷信。然而，同生于这日的两个倒霉蛋，"凶"得狼狈，也"凶"得辉煌。

高剑父的一生独特而奇异。入同盟会凡8年，历次举义，都在惊涛骇浪之中度过。帝制推翻，孙中山委他任广东省长，他却婉辞不就。"急流勇退"是人生的又一难度，而居革命之大功，竟萌发解甲归田，矢志艺术发展，在中国芸芸众生中也是独特得屈指可数。他是一介书生，知识分子的使命在于对文化进行创造。他衡量过自己的擅长所在，有所不为。

《时代周刊》谈到知识分子的定义云："①一个知识分子不止是读书多的人。他必须在心灵上有独立的精神和原创的能力。②知识分子必须是他所在的社会之批评者，也是现有价值的反对者，批评所在社会而且反对现有价值，乃是苏格拉底的精神及任务。一个人不对流行的意见、现有的风俗习惯和大家在无意之间认定的价值发生怀疑并且提出批评，即令读书再多，也不过是活书柜而已。"自由主义大师海耶克对知识分子下的定义更宽泛许多，更具包容性，没有前述的严格和绝对。不管怎样对知识分子定义的现代精神，高剑父是现代观念实践的开拓者。对于新观念，他义无反顾地倡言与传播，身体力行，冒艰难困苦，推动着中国艺术的现代化转型。他主张艺术革命，发展有个性、有创造、大众化的"新国画"。50年后，甚至几百年后，称得上知识分子的依然是高剑父。他不仅是个著名画人，博学多闻的学者，而且是原创意义上的一代大家，现有价值的反对者。

20世纪20年代时尚反佛、反宗教，全国各地新式文人与官府、军队掀起一股指责"佛教传播迷信、封建意识"，"佛教无用，僧人四体不勤五谷不分"的狂潮，他们捣毁、砸烂寺庙，或用寺庙等举办学校。这股貌似革命的极左思潮来势迅猛，对中国1000多年来积淀的优秀传统文化之一——佛教作无情的摧残破坏。一窝蜂的时尚刮起一窝蜂无知的愚昧。全国各地佛庙、道观，烧的烧，砸的砸，改作办学的办学，赶走僧尼、道士，一片乱局。在江浙，李叔同到处奔走说理，在云南，虚云和尚独力抵挡刀枪架在身前，两大高僧不顾性命，支撑着将倾的整个民族真善美的心灵大厦。我们的民族2000多年来习惯于单一的声音，一种思维，一统的观念，对异端从来就在苗头上赶尽杀绝，卧榻之侧不容他人鼾睡。更缺乏科学的怀疑精神，一到"礼崩乐坏"的革命，矫枉过正，依然不容对立的异己。革命的年代当儒、道、释从大一统中失落，以其人之道还治其人之身的报复百倍狂热，新时尚有时是很可惧可怖的。

　　"灭佛驱僧"的运动在广东也曾如火如荼。广东肇庆城内文化人、学生、军人已毁拆了好几间寺庙、道观，僧众鸡飞狗走。远在鼎湖山上的广东著名大庙庆云寺岌岌可危，和尚们惊惶得乱成一团，忽然有人想到了革命家高剑父。高剑父曾因写生风景驻足庆云，对佛学由衷地崇敬、向往。于是急急修书一封，星夜派人赶往广州，求救于高师。获知庆云寺危殆消息的高剑父，心急火燎地赶往时任广东省长的李汉魂官署，很快制止了一起文化灾难。日后，庆云寺僧众有感于高师的相救，在山上专为此一事件立了一个"护法亭"，刻上碑记，以纪念剑父先生沧海横流中的挺身而出。"文化革命"，"护法亭"被连根拔掉，庆云寺又再遭一次空前劫难。20年代的"反宗教"预演正式，在60年代后大规模铺开，轰轰烈烈的"灭佛"运动由号称最革命的一群在知识极端封闭所导致最现代愚蠢的红卫兵们尽情表演，烧杀抢砸，悲与壮混淆扭结，又重复一次民族悲剧。80年代后期，"护法亭"又由高师弟子、中国著名的中医圣手梁剑波出资20万元立起。如今亭仍孤零零地立在葱郁的山上，经受风雨，拥抱游人，看多少年后又来一次狂热，再被砸烂。唉，我们的民族是个很少接受教训的民族。

19世纪末至20世纪初，高剑父可算是最革命的元老级的人物。初办《时事画报》宣传新思想，抨击时弊，创办"缤华女子习艺院"，提倡妇女解放；加入同盟会，参加孙中山领导的一系列的反清起义；致力于美术革命的新国画革新运动，率先在美术界引进西方美术展览制度，艺术上主张与时俱进，兼容并包，非功利主义等新观念，可以说他是那时的时尚潮流的带头人，先锋派或前卫派革命人物。然而，到了五四运动后，社会上刮起更时尚、时髦的"反宗教"飓风时，高师就表现出中国人中难有的独立思考、特立独行态度。他的"护佛"使他成为逆潮流的"落伍"者，当时所谓最革命的人物都以反佛为时髦，而且万众一心，群情汹涌，佛祖难逃一劫。激进主义狂潮反证了高师思想及哲学的高度、深度。20世纪末，人们又一次看到高的光芒。他的"护佛"出自他的人道主义与人文情怀，对宗教他有着深刻的肯定："余生平尝从事革命事业，唯精神上所爱好者则在艺术，故仍以艺术为归趣，然宗教哲理之探讨人生真谛者，亦为余所憧憬，所向慕，尤以佛理之博大精深为最景仰。盖吾人之生命，必须与宇宙相感应，宇宙之具有永久价值者，曰：真、善、美。'真'以养知，此科学家之最高理想，乃万物一体，是为至真；'美'以养情，此艺术家之最高境界，乃融小我于大我之中，是为至美；'善'以养意，此宗教家之最高精神，乃大慈大悲，大喜大舍，是为至善。今吾人欲人生完满，人格完备，必须向此三者不断进展。"五四运动引入西方一系列的诸如自由、民主、人权、妇女解放等思想，中国知识界又实用主义地高举了另一面"反宗教"的旗帜，向人性中最为柔软、最善意、终极关怀的一面捣弄、开刀。高师看到了民族人性的心灵危机，这种危险是把人类美好心灵、善良本性切除、打碎，把积累了几千年的宗教文明成果砸烂，让人类的精神回到蛮荒。学者钱穆在谈到"五四运动"引进西方思想观念时有一段颇为深刻之论，也是对于"五四运动"利弊得失颇为到位的评价："西方文化体系若专就外形看，显属一种多角形的尖锐放射，而每一角度之放射指向，都见其世俗欲极强烈，权力追求之意志极执着，个性之自我肯定极坚决，只有耶稣教（基督教），教人超越现世，转向上帝，再回过来把博爱、牺牲精神冲淡实际人生的种种冲突，而作成那一个多角形文化体系中之相互融和与最高协调之核心。若西方文化抛去耶稣教，则全体变形，成为矛戟森严。"又，"西方文化之民主与自由之树是从耶稣教这棵根上长出来的。而我们高举起民主、自由的旗帜，一方面又举反宗教旗号，无疑是斩根取树的愚蠢。"（大意）

明白以上，就明白美国总统就职典礼，总统本人要按着《圣经》宣誓的意义了；明白以上，就明白美国乃至欧洲发达国家登月火箭、航天飞机的科技日新月异，而教堂多过银行、米铺，信仰宗教的人群达到90%的原由了。一位哲人说过，一个国家要是没有教育和宗教，这个国家就会灭亡。关于人类信仰对心灵的调节，对于一个国家的安宁与稳定应该相当重要。我们近百年学习、引进西方文化，几乎在短短几十年间全国90%的人变成无神论者或怀疑论者，也不知这种"引进"带给中国是灾还是幸。高剑父提出人生完满，人格完备的真、善、美，对宗教"善"的肯定，其意义之深远极可带给当下从引进西化——反西化（封闭）——再引进西化，这100年来三部曲的再思考。高剑父的意义不仅在于他创立的岭南画派，更在于他的思想境界的高度、哲学的深度、人文的厚度。再过100年或1000年，高剑父思想人格的光芒依然仍在熠熠闪亮，所谓宇宙之具永久价值者也，共三光而永光。

清代的绘画以清初四僧及金陵画派、扬州八怪为最有成就，然而他们的艺术被统统冠以"在野派"；郎世宁改良中国画，"中为洋用"，普遍受到攻击不被艺坛接受。倒是"四王"的正统派于有清一代成为主流文化，到了晚清仿古摹古之风越演越烈，一窝蜂的"主流绘画"变得了无生气，恰似残年风烛、垂死之状，人们才又惊诧于中国艺术在哪个关节上出了问题。高剑父从日本引进西方艺术，改良中国画，"洋为中用"也普遍受到攻击，反弹之激烈，中国人之不容异己、异端之激奋，真如"千万不要忘记阶级斗争"般的你死我活。20世纪80年代后，李小山一边宣告中国画要灭亡，一边又批判高剑父改良的失败，这位极前卫的理论家连"改良"也不能容忍。西方的艺术也是一步步地在"改良"中突破，"前卫"们却一声不吭。在我们的国度，极其习惯于非黑即白，不革命就是反革命，"极端主义"在中国近百年历史中都处于主流地位，不能允许折衷、改良等中性的渐进改进。所以有胡适哀叹："容忍比自由更重要。"岭南画派这近百年，前十年基本是在被谩骂、攻击、围剿中度过。而岭南画派最终被历史肯定，也明证了新事物历史发展之必然。"与时俱进"这一伟大口号在今天由中国共产党提出，也是近百年中国历史所走过的曲折、成功、坑坑洼洼得来经验的血与火的实践总结。"与时"首先要容忍、宽容、包罗、多元，才能到达彼岸的"俱进"，包括容忍自身所犯之错误及异己所犯的错误，不赶尽杀绝。面对过往的历史，我理解、同情于高剑父折衷中外、融会古今的每一步的艰难，敬仰他为民族文化所付的心血和不屈不挠的意志。倘若我们的民族没有这一批舍生取义、勇于牺牲、与时俱进、勇于创造的人物，连球籍也会被淘汰。

岭南画派的尊师重道的传统到了20世纪下半叶几乎成为绝唱。"尊师"，老师不"尊"何以让人"尊"之，重道，"道不正"何以重之？一切归结为老师的人格力量和榜样树立。高剑父的春睡画院不论经济多么拮据，财政极其困难，都有一批免收学费的贫困学生，甚至食宿也免。最突出的事例为关山月，到中山大学旁听高师课程，待发现他竟是因家境拮据交不起学费而冒名顶替时，触动了高师悲天悯人的情怀，让关免费入春睡画院。黎雄才1926年从高要县城被高师赏识，一直在春睡画院免费食宿学画，黎到日本，又由高师资助费用。以上如此举措，春睡门人中受惠者有十多二十人。高师的博爱在中国教育史上实为极端的风范可谓凤毛麟角，把自己智慧的精血给予学生，用自己节衣缩食的"乳液"喂养学生，及至他们长大仍扶掖地送上一程，从来不要求他们有所回报，这就是20世纪上半叶的一位奇特的老师。因为他，养成了日后岭南画派的壮大与发展，使岭南文化于近代出现一大批名震大江南北，无人敢小觑的大家与人才。又因为有了这批以老师为楷模的学生，一代代传道解惑、发扬光大老师的门墙，才有了那么多的画派纪念地，那么多足可彪炳史册的艺术珍品。我们这个朝代也很难出现像高剑父如此人品、学问、经历、性格独特得令人瞠目结舌的老师了。天崩地裂的世道，中西文化激烈的碰撞，民族的艰难困顿，一切一切都扭结着他73岁的人生。高剑父承继着历史的重负，为后代肩扛着旧时代的沉重闸门，将之托起，让新时代的阳光投进昏暗的黑洞，开一派光明、一线生机，他是打通新旧通衢的殉道者，只有注满博爱与牺牲精神伟大人格的人才足以承举起这道闸门，因为他足有这种力量。

他的画，他的艺术，有评论认为"霸悍"。诚然，一位开宗立派的人物无所顾忌地披荆斩棘，纵横驰骋地开拓，多有"霸"气。舍我其谁，我不入地狱，谁入地狱的牺牲本我精神。由如此思想生成的人，艺术上也多流露着目空今古、睥睨万物的英雄气，剑父本身又极具"侠客"气，如此"霸悍"亦气质、性格所生成。倘若"霸"道而收买路钱，"霸"着茅坑之类的又另当别论矣。

剑父的画我倒看出一种悲壮。那种因为肩扛历史闸门承托的压力，背负的沉重，牺牲的无奈，特别是他的书法的那种苦涩味，替天下吃苦的执着，全部流露在剑父的艺术中、笔墨色块里。一个有真善美顽强信仰兼及佛学精神的人，总有一种苦涩与悲壮的情怀。

广东这块南蛮边缘性土地忽然间在清末民初的历史关口，产生了一代诸如康有为、梁启超、孙中山、高剑父等造福民族的人物，很值得后代或历史学家去研究地域、宗族、风俗、民情、个性等历史因由。

传统文人画是非功利的出世，而高师的新文人画是非功利的入世。出世与入世的选择于艺术家之际遇、境遇而特定。哪个更好，尚无定论，林语堂就希望在入世与出世之间。我想超越功利主义的斯有永久的价值，这样便找到艺术之核心及根本。

画圣高奇峰

高奇峰在天风楼的几位学生号称"天风六子",统一的穿着白色的长衫唐装,各人带点做作的合照,好像在舞台上摆角色,这总给我们现代人的眼球注视下感觉有一点"摆款"的不以为然。照相是那个时期的新事物,对着镜头的人们要特别地过分认真与精神抖擞,天风六子同样精神亢奋、紧张。晚清与民国的不少人物旧照片总会欠点形态精神上的自然,不经意间面目和姿态总会有种纤弱的颓废感,无论男女。晚清的颓败之风或过分的温良恭俭让发展到极致,引发成一种社会通病。这种"做派"与20世纪晚期中国青年一代的那种无束缚的"新人类"的放肆,鲜明对立。每个时代总有此时代特殊符号引领我们狠狠地吃力地怀旧一番。这又是先驱者们、前卫者们的局限性,历史的局限性,怪不得老前辈。再过几十年,后辈看我也一样不以为然。

历史人物无论大小,总有过人之处,高奇峰也不例外。辛亥革命前,高于日本加入同盟会,学既成,束装归国。那个时候高氏兄弟正于密室中拼命研制炸弹,于是储炸弹累累,放于卧榻之下,而高奇峰常常睡于其上。辛亥期间这几位少不更事的青年并不是军火专家,所制炸弹十有八九是质次价平,技术不到位的"危险货物",多次自行爆炸炸死不少自己人,清朝政府也是风声鹤唳,到处侦查。高奇峰居然在炸弹上睡得着,人感骇服。

待到辛亥革命成功，革命党人"弹冠相庆"时，大多数人都在果实结成中分一杯羹，高奇峰却官也不做，政事不问，学着居廉，画其花鸟虫鱼，甚是超俗洒脱超然物外。孙中山感叹奇峰"谓其勤廉为人所不可及也"。

到了袁世凯复辟，宋教仁被刺，倒又激起高奇峰重作冯妇的血性。他与谢伯英马少进为揭发宋教仁血案阴谋，加入侦查行列，受到袁世凯全国性的通缉，于是逃亡日本。以上种种，可谓不畏势，不重利，不惜命的古士大夫之侠义。真乃人所不可及也。

在我看来，高奇峰的绘画技巧比高剑父纯熟或高出，他的几张名世之作技巧与造型都相当高明。民国郑春霆评论辛亥时奇峰的艺术，言其"融会古今中外之法，伐肤存液，集其大成，出类拔萃，一时无与抗手"，可谓中肯。我在广州美术馆任职9年，常能近距离观看高氏的真迹，高氏对日本画的研究、临摹，对中国传统居派的继承学习，比哥哥剑父更努力与聪敏。看他的绘画，你不能不在他的画前多站几分钟。他的画总会留住你的脚步，令你被强烈地吸引着，进而关注高氏的技巧，赞叹他的聪慧乃至聪明绝顶，可谓百万军中取上将首级如入无人之境。然而，天妒英才，奇峰逃不过命运之冥冥，过早地染上肺病。迟不染，早不染，别人不染他却染。20世纪上半叶，肺病是人类第一杀手、绝症，其可怕有如现代之癌症。天风楼中对着照相机的他，应该说已染上这种疾病，他在二沙岛选址建楼，也正为着能在一块风景怡静优美、空气清新的江边疗病养体。1994年，当我第一次从二沙岛通过门卫七拐八转地来到高氏所建的木楼前，就很有一番感慨了。两层木结构的小楼剥落残破，历几番风雨，四周围密密麻麻见缝插针式地建起了高高低低的违章楼房，更显小楼破烂、逼仄。从小楼大门望过去，已经见不到珠江，一座八九层高的"多快好省"式的大楼迎面挡着，互相距离五步之内。因为是内控文物，当地管理部门不敢动它，空荡的屋子未免又太浪费，于是天风楼又成了仓库，里三层、外三层地堆满学生用过的残旧课桌，层层叠叠，积满灰尘蛛网，有如"鬼屋"。怀旧者如我，看到天风楼的老去，心里、感情上同样积满灰尘。

高奇峰在民国期间叱咤风云，他的艺术被当时政府推为艺术革命的典范，他的故去也相当隆重，在南京近乎国葬宣付史馆，时任国民政府主席林森为其墓碑题字"画圣高奇峰先生之墓"。对于一个艺术家有如此隆仪，在民国也属件新鲜事。西风东渐，艺术再也不是中国传统之优伶地位，下九流之物，艺术被肯定为提升国民素养，倡导中国精神的至高无上的魂魄。这才是辛亥革命后开一新境界的"新鲜事"，具有划时代的历史意义。

45岁的奇峰弥留时命侄女高为素取纸笔书一"耶"字，次书"稣"字未成，掷笔而逝，遗言所存画分赠国内外艺术馆，平日戚友所负债券，悉命焚烧之。又一次表现出他的善良与过人的胸襟风度。

至于奇峰出道所绘的一些作品，谢老文勇先生曾证实为日本时的临摹品，例如广州美术馆藏的高氏经典《鹰》，谢老就相当肯定为临摹日本画之作，甚至一笔一画与日本画无异，因而招致后世一些人或来自二三十年代国画研究会诸人之批评。这也只能说明当时人物普遍的个人心态，在急于引进的功利上，站在国家功利上，这是我能原谅或理解高氏用临摹品进行个人展览的理由。当其时，不少国画研究会中人由于生活所迫，都有临摹古人作品冒充文物以换生活的习性，甚至以此为标榜。国画研究会首领人物赵浩公为仿古第一高手，经高官巨贾高价购得的一些古代名家作品，往往是赵浩公手笔，而赵往往在众人面前坦白承认是他仿古之作，满座大煞风景。新旧两派两者皆为临摹，一为开展览以开风气，一为换钱粮以改善生活。文勇谢老有这样的话，仿古画以图利，而画家又有一定名望，生活也过得去，假画就不好了。五十步笑一百步，我想多少有个轻重，民初大行其道在绘画上的假冒伪劣，又由有名望的画人标举，多少使我感到文化人仰此风气有玩世与颓丧。存真保诚，特立独行，不为五斗米而折腰，永远是文化人之为文化人的操行与心向往之。

新古典之士大夫陈树人

"五四"那一代人特别信奉"人格决定论",并身体力行。

他们这一辈奉人格修养为艺术哲学的最高境界,追求从内心到外表的统一,追求美好高尚的永久价值。陈树人更是"人格决定论"的倡导者,更有传统士大夫高蹈远引、向往世外之情,处污流而抱贞白的清流情怀。他自始至终性格保持恬淡而和平,对政治与艺术,他出入其内而超乎其外,他对艺术的重要观点即是:绘画是一种超乎社会功利目的之上的个体精神活动,应以个人主体内在"心得"为依归。超乎"功利主义",在陈树人整个人生历程上都标举着这一旗帜。艺评家李伟铭在陈树人简论中说到陈树人的艺术:"在20世纪中国绘画史中,如果确曾存在一种合适被称之为'新文人画'的艺术现象的话,那么也许没有谁比陈树人更有资格处身于这一领域。"

20世纪初与20世纪90年代都有"新文人画"的思潮运动,20世纪初由高剑父、陈树人在岭南这块具革新精神的珠三角土地提出,到世纪末90年代又由江浙这片极具中国文化底蕴的长江三角一群精英定位,以中国文化精神为主体承传吸纳西方文化的顽强及不朽,他们可谓前赴后继。提到新文人画就更有相关的"士大夫气",陈树人由里及外升腾着一股新的士大夫气魄。"士"者,独立不倚,不计功利;"大夫"者,孟子所云之丈夫气也。

威武不屈，贫贱不移，富贵不淫，更有德行贞绝，道术通明，王者不得臣之慨。陈树人蓄养着传统优秀的人文气度，又处于辛亥革命前后之巨变的历史阶段，受西方文化熏陶，思想极具现代性，时势创造了一位现代的士大夫。

1905年，陈树人与四大寇之一的陈少白游。与陈少白、黄世仲亟谒孙中山于香港舟中，对于孙中山的学说，树人极为服膺，乃至相见恨晚，义无反顾地加入了"反清组织"同盟会。时年同盟会还未正式成立，据考证，他是同盟会第七位会员。这是他的不计利害。

1918年，陈树人主持加拿大党务，其间，汤化龙于加拿大被狙击，保皇党及袁世凯驻加拿大总领事杨书，嫁祸陈树人，指陈为事件之策划，旋被诬陷入狱。树人虽被囚禁，仍镇定自若，狱中吟哦诗句，其旷达与坦然，尤令加国从政府到市民十分敬服。其后，加埠耶稣教会力促保其脱险，此树人之威武不屈也。

民国十一年夏，陈炯明背叛孙中山，炮轰越秀山总统府。孙中山避走永丰舰，陈树人甫自加拿大返香港，闻变，罔顾生死，冒险登上永丰舰，誓与孙中山同生死，共患难。人，最重要的是有人性。重然诺，讲义气，凛然正气，有所不为的清醒与胆识，陈树人的贫贱不移，连生命也在所不惜。

1927年，蒋介石实行"清党"，大批逮捕和杀害共产党员，温文尔雅的陈树人愤然辞掉国民党内一切职务，抗议蒋介石的独裁统治。王者不得臣，表现出树人独立不倚的傲岸。

陈树人是国民党的元老派，曾四度任广东省政务厅长，两度代理广东省长，又任国民政府秘书长，侨务委员会委员长，国民党中央常务部长，海外部长等职。他厕身宦海，性行高洁，毫无官僚习气。郑春霆谓其："夙以提挈风雅为己任，浑穆苍逸，取中庸之道，得其清朗空灵，故自有一种书卷气，扑人眉宇。"其实他应是中国政治家的典范，服官只重技术而无人文，一定不是个好的政治家，政治家不能仅仅懂管理，懂技术，还必须有种广阔的心智，深厚的文化底蕴及仁爱、人文情怀。对于民国以来军阀横行，国民党内污浊腐化，陈树人出污泥而不染，是少数的处于中枢、身居高官要职而不堕阿鼻地狱的人。然而，于极其专制的社会，混乱的世道，两袖清风不同流合污的人注定受到排挤、打击，中国历史几千年专制政治，这几乎是一种铁的规律。

任他红紫尽成尘，剩得凌波缥渺身。

仍向漫天风雪里，金坚玉洁见精神。

——《咏水仙》

他是个艺术和政治的理想主义者，以信仰的金刚不坏之身，人格的冰清玉洁，为世人树起一种风骨。他用恬淡来对付官场的挤压，用书画来调节执着的心灵，宁静、淡泊地度过20世纪上半叶中国历史最为黑暗与动乱的日子，于辞官两年后在广州病归道山。

陈树人的画具胆识与奇气，胆识及奇气皆从气质中来，任何技术训练、技巧高明均无可能达到。艺术往往就那么古怪，古人讲"天分"亦即是这个意思。他的画往往布局大胆，甚至在构图上专用"死"角度，然后又置之"死"地而后生。1944年作的《松雀图》，画正中横伸一棵松木，压满三分之一画面，偏中间站一雀鸟，低的顶部孤独地斜伸一松枝，这种构图无论如何都是"死局"，而陈树人却画出"活"局；《柳丝翠鸟》《寒塘》特长幅的构图从低的顶端拉出四五条枝干，一直勾拉到纸的下端，树干迫压于纸上顶端，立一鸟，纸上几点浮萍，这样的表现在当其时的中国画真是奇绝。他构图多用"险"局、"死"局，没有内在的浪漫气质，性格豪雄，经历的奇特，哪来这般"胆"气！特别是他的花鸟画，我以为是陈树人艺术中的最高成就。

陈树人与剑父、奇峰被合称为"岭南三杰"，是公认的"岭南画派"的创始人。然而，他除了开新的一面外，又主张艺术家应保持宽容、平和的非功利心态。他的这种主张表现为那个时期的先进中国人最为突破中国传统文化的一种现代精神，到了今天仍有突出、迫切的历史意义和现实意义。我想陈树人70年前提出"宽容"的现代思想对于一个从来不容异端的民族，该是一种多么重要的文化贡献。直至今天，"不容异己"的基因病毒，在我们这一辈国人里仍是那么异乎寻常地顽固、愚昧，现代化的道路依然漫长，国人包括艺术上的"功利主义"心态昏天黑地爆满襟怀的当下，要走出前现代，或许仍要一二百年。超乎社会功利目的价值的现代精神，大多数中国人仍未有意识到，陈树人先知先觉！李小山批评岭南画派无足轻重，正是其一知半解地急匆匆抢占评论制高点，因功利、因炒作而作惊人之语。他离陈树人的思想高度太过遥远了，陈在山上、山顶，李小山只在山脚。这往往也是急进、偏激的青年人的通病，能怪小子么？非功利的陈树人对他会慈祥地笑笑："小子仍未顿悟。"或许什么也不说，只是慈祥地笑。

　　何谓岭南画派？①包容异己；②兼容并蓄；③与时俱进；④非功利主义；⑤人格决定论；⑥怀抱宗教家之情怀。与蔡元培同时代的高剑父、高奇峰、陈树人同为思想一致的人，处于如此变动的大时代，简直是不谋而合，这就是岭南画派！一个新兴的、中国历史上从未产生过如此国内外之阔大影响，产生一代又一代艺坛大家的现代型画派。在广东，历来是南蛮边缘文化不毛之地，20世纪初突然地像地壳变动般爆发出数座高峰——现代艺术与现代精神的高峰，那景象、那震撼力令世人惊诧。

　　陈真魂是树人的女儿，我仅见过两三面，人温文尔雅，文静内秀，她为父亲逝去后的遗物遗产整理、捐赠，几乎花掉了后半生。陈树人纪念馆的建立也与她上下呼吁、努力促成有关。生子当如孙仲谋，其实生女也当如陈真魂，因为她的锲而不舍不屈不挠，同样承继了陈树人的非功利因子。

1992年，我任广州美术馆馆长，陈树人纪念馆的管理在我辖下。我与树人的两位孙子女陈定中、陈静芬便接触频繁，例如陈树人纪念画展第一次步入香港，陈树人墓的揭幕典礼等等，我都参与其中，得到了他们无私的支持和扶助。与他们的接触，让我知道什么是家学渊源、家风陶冶。

陈树人的遗风依然浩然于他的后代，如无其家族基因和日常熏陶的遗传因子在顽强起其作用，是无法想象的。

"新古典士大夫"，是我对陈树人先生的一种现代观察和概括。

现代隐士

郑春霆述及苏卧农有如下章句："卧农耽闲爱静，守素安贫，而冲襟粹质，不琐琐于世事，故世事清高，如云山烟树，出壑清泉，而其画也不屑作惊世骇俗之想，有洒然独得澹远清华之妙。"

岭南画派人士之中，最为淡泊自守，杜门闲居，不求闻达者以苏卧农最为典型。他大概中陶渊明、林和靖之"毒"也太深了。于芳村花地家居，终日与虫鱼花卉打交道以维其生。几亩花圃、农田让他种上木瓜、花卉，并畜兔，养金鱼与热带鱼，又教大儿耕种、盆栽，所居竹石池水，入目无一不是画材。于是，教小儿伯钧写生、书法。活脱脱一乡间书生式的花农，日常以花鸟画自娱，安托灵魂。

这种精神寄托，向往于古人理想生活的人生态度，在20世纪中国迅速步进现代化的瞬息万变眼花缭乱的现实中，苏卧农的天真、人生理想及行动几乎是这个时代的绝唱。

他居缩在广州郊外的花圃里，历经了抗日战争、解放战争、广州解放、"肃反"、"三反五反"、"反右"、"大跃进"、"四清"运动，直至"文化大革命"，都安然地躲过了灾难。因为他沉默寡言，不事交游，半生不慕名利，名利也不来找他。人怕出名猪怕壮。人一出名就有名缰利锁来捆绑，猪一壮就有被宰割的分儿。他避开了名利的双刃剑，避开了各种政治运动的你黑我白圈子内的是非争斗，淡然而终老。

有虫鸣之叫而无车马之喧，有田园之恬静而无追逐之烦恼，终日视野皆为大自然之美好，而无见不堪入目的人与人斗，一位曾留洋的海归派存一份高洁理想是多么的难能可贵。这也是岭南画派的中国精神的演绎。近代研究岭南画派，总注视着它的兼容并蓄、创新进取的革命一面，而没有注意研究高剑父强调画人"出山泉水浊，在山泉水清"的人格塑造，修养的一面，无功利的一面。研究高剑父第一第二代弟子的种种立身处世的事例，即可反映此种中国之精神——淡雅。淡泊而文雅由来有自。苏卧农还是岭南画派此种精神的典型。20世纪90年代关山月在许多场合、许多讲话与文章中又重提到高剑父的"在山出山"人格清浊独立的为人操守的嘱咐，也不是心血来潮的胡诌。

卧农的画简洁，幽淡清雅而有新意，于前人有种忽见奇异之感觉，蕴现代意味分量很重而独树一帜。我很喜欢苏卧农画册封面《薄冰》的那几只黑灰小鸟，在疏朗的残荷垂茎之间，湖上已结薄冰，湖影绰绰，它们自由地飞翔鸣叫。整幅作品清澈新奇而淡雅，这或许是苏卧农的过人经历所赋予的人们不可及的境界。

苏卧农其实是过着一种现代的隐士式的生活，对名利似乎视为一种灾难，有人称他为名画家，他也觉得不顺耳。广州美院陈少丰教授说他颇与时流相左，对于今天21世纪浮躁的现代，个人包装、推广、策划、广而告之的对画家重新组装整合以利扩大影响宣传的新时尚，比之苏卧农那个时代更有铺天盖地有过之而无不及之感。反观卧农的忠诚老实，更有今夕是何年之叹。他留过洋，具有现代精神，跟在名师门下，文化也不谓不深厚，而他的不合时宜的举动及思想究竟是对不对，一时也难以分析清楚，留待100年后评价、实践更会清晰一点。他的这种不合时宜也越来越没有号召力了，然而我想，唯其少有，总是贵重，社会越进步，越文明，苏卧农的精神也会更为人类所珍视，保持永久的光辉、人文的光辉。

从居廉、剑父、奇峰乃至人定、山月、雄才，似乎都有一种与官场保持远离，与世俗拉开界线的传承。剑父、奇峰的打江山不坐江山；人定的法院院长职务向他招手，他却毅然抛弃，投进春睡门下；山月坚辞省文化局长（局长室都给他安排了，他坚决不搬进去，结果局长办公台铺满尘土，他就是不去上班。他强调自己是个美术家，不适合当官员）。岭南画派从祖宗到门人的这种集体无意识的"古怪"，总有种不待言说的思想与学问，它与三千年中国那种"官本位"意识，"读书做官"的根深蒂固是背道而驰的。它又以传统的文人精神，啸然山林，远离政治，在乎山水之间有一脉相承；它又接近于西方的知识分子专注于自己的专业，以专业成就为价值，在大众倾听中乌纱的分量比不上权威教授一句话的西方人文价值观。一个新兴的画派，必有其现代之思想与价值，岭南画派诞生于辛亥，必有其诞生的理由。

岭南画派诸人具有以上诸思想，苏卧农最突出，最典型，他的生命意义看似最传统，其实是最现代，最自然又最"环保"。100年或更长的时日里，我们再谈苏卧农，将更见其历史之价值。

文化的最后成果为人格

——记关山月大师

  ——简单些总是好的，干净些总是好的

  ——善良其实是品位的重要因素

  他走了，驾鹤西去，那鹤一定是洁白而丹顶。乘鹤的人，那永远待人善良的脸，一定注满笑意，笑得特别孩子气。

  2000年6月25日，他的梅花展在关山月美术馆展出，我匆匆从广州赶去深圳。关老见到我，拉拉我的手："你也来了。"依然是一脸的慈祥，没有疲态。郭炳安馆长说："关山月馆建馆三周年，员工从来没有到得这么齐，大家来个合影吧。"于是大伙与关老留下最后一幅合照，关老给关山月美术馆员工们一个完满的美好。

  7月4日，筹备了近六年的广州艺术博物院院内设关山月艺术馆，刚好装修全部完工，老人家却在前一天——7月3日辞世。前几天，关老还想去看看啊！他这一走，给我以及筹备建馆的各级领导、员工们一个极大的遗憾。

  7月2日，我站在广医第二附属医院六楼的危重病室，由上午至下午，一脸茫然地对着进进出出探病的官员、老老少少的学生、朋友，脑袋一片空白近乎发呆。关怡对我说："也不知他脑溢血来得这么快，起初他头痛，自己还以为是感冒，实在熬不过了，才告诉我，跟着就呕吐，我们急忙把他送医院，也已经迟了。"

广东的几位美术大师，大多都已坐轮椅或重病在身，身体最好的是他，想不到走得最早的却是他。他的好友方苞说："五月至今，他的梅花展辗转北京、上海、广州、深圳，又事必躬亲，累倒的。"古人以战将马革裹尸而还、戏剧家演戏倒在戏台上归去，为人生最壮烈境界，近人薛觉先就是倒在戏台上的，关老同样倒在自己的艺术上，可谓人生之至美。广州美术馆与关老有着挥之不去的缘分与友情，我馆馆藏二高一陈（高剑父、高奇峰、陈树人）的画在全国最多，属下两馆——高剑父纪念馆、陈树人纪念馆都是由关山月、黎雄才两老积极倡议、过问，亲自操劳而建立起来的。我这八年当广州美术馆馆长，与关老亲近，耳闻目睹他老人家为岭南画派、为高剑父老师、为广州文化建设的一言一行，点点滴滴铭刻在我脑海里，挥之不去。

八年里我惊讶于他尊师重道的极致。几十年来各个政治运动，日渐淡薄的师生关系，如江河日下，令我辈叹息而追惜。然而，他三句不离"高师"，常常对着我等小辈谈他的老师高剑父，高师的厚恩、高师的精神、高师的人格等等。我发现，一谈高师，他就像个小学生，眼里充满着光芒、憧憬与怀念。80多高龄的大师，在功利主义、实惠主义甚嚣尘上的今天，依然遗世独立，是怎么一种人文精神的闪光啊！

1999年，他嘱咐我："高师120周年了，他的生日刚好与孔子诞辰同一天，希望你们办一些纪念活动及展览，我一定前往。"1999年10月2日，在香港大学美术博物馆馆长杨春棠及广州美术馆名誉馆长梁洁华支持下，由高师夫人翁芝、儿子高励节、饶公宗颐、高师学生黎明夫妇的帮助，香港艺术馆、香港中文大学文物馆、广东省博物馆举办"高剑父诞辰120周年画展"。为推广老师的艺术精神，关老最后一次来到香港，参加了画展和研讨会。在香港，我们轮流搀扶着他，真怕有什么闪失。他走路已不怎么硬朗，显得缓慢迟滞，精神虽好而精力不逮。在港三四天，除了展览及研讨会，什么地方都没去。毕竟88岁了，在他临终的前一年，回广州在火车站高高的手扶电梯上，70多岁的陈金章老师，对关老忠心耿耿的老学生，一闪失，踏错脚，几乎连人带行李箱滚下撞到关老身上，好在高剑父纪念馆馆长张立雄和美术馆副馆长孟大昭反应迅速，飞身顶着，否则将出大事故。一个高龄的人，奔波于香港，就为老师的120周年诞辰画展，演绎了这么一件尊师重道感人的"香港故事"。

对老师的教诲，关山月单纯而听话，可谓死心塌地。谈到学习，学者钱穆举魏晋南北朝隋唐高僧为榜样，"须笃信，好学，守死，善道。非守死即证其不好学，亦即证其不笃信，如此又何善道？"岭南画派历向有此"八字"传统，从关老身上又充分体现。

老人临终前一年，在各种场合，还在不厌其烦地宣传推广岭南画派。他说："我还要做更多的工作，推广老师的艺术精神，否则就辜负了老师。"1982年他又以诗来追述老师的教导："出山泉浊在山清，犹记高师一语情。"关山月离开师门时，高剑父曾以"在山泉水清，出山泉水浊"为赠别，示以他保持操守、正气，不可沾染世尘恶俗。关老终生铭记，矢志不移。不俗，在他的画，特别是那刚劲带气节的傲霜雪的梅花。不俗，于他对名利的淡泊，人前人后从来低调而少谈自己，没有自我吹捧，只要讲不要听，没有处处要比别人强，比别人聪明。不俗，在他对物欲的简单、清淡。对于今天豪华的装修时尚潮流，他的家居20年从未装修过，搬进去如此，现在如此。他生活俭朴，关怡说他天天早餐一碗白粥，1999年在香港几天我见他的早餐也是一碗白粥。不俗，在于对高官、平民处处表现着平等与平易，即使坐在人民大会堂主席台上，全国瞩目，受到国家最高领导的关爱，抑或戴高帽挂黑牌，批斗游街，低头劳改，变成牛鬼蛇神，他依然宠辱皆忘，处变不惊，处之平淡泰然。受宠，他从来没有示媚态、奴样，作哈巴狗状，或向众人炫耀、使气、霸道，清正得很；遭辱，他也没有喋喋不休，终日愁苦不能自已或斤斤计较显示有仇必报的恶性心态，大度得很。他极少向人谈他的宠辱。这是他的品位，所谓人格魅力。我同意香港科大学者庄稼所说：品位没有定律，是一种气质，需要培养，习惯了举手投足就表示出来，"简单些"总是好的，"干净些"总是好的。简单与干净，近于高剑父所说的山中清泉，这是关老对老师思想精神的笃信、守死。

和关老相处，从没见过他沾沾自喜，哪怕一丁点儿的自傲、自大、自满，哪怕是随便的一句话。十多年间，从没见他在人前人后非议甚至攻击其他人，哪怕是明知常常骂他或误解他的人，也不作以眼还眼、以牙还牙的无聊事。

关怡告诉我，关老好脾气，从不生气，不管家里家外，一生从没骂过人，从没发过脾气。这也是他的善良。

1998年，六榕寺的省佛教协会主席云峰大师见着我，说很希望关老补写"空谷回音"一匾，此匾原为"六榕"一宝，是明朝天然和尚所书，"文化大革命"被捣毁砸烂。此后，补写此匾一直成为云峰大师心事，他着我去求关老墨宝。

关老近几年，因年事已高，谢绝了许多应酬，写字画画已不易请得动。受云峰大师的嘱托，我仍抱希望，电话打给关怡，说明求字之意。关怡忙去征询父亲，不久，关怡笑着说，父亲已爽快答应。我心里如放下大石。又不久，关怡电话告知已经写好，着我去取，并笑着悄悄告诉我，老人这一次特别认真，写了一次，再写一次，挑了较好的一幅送云峰大师。关老的认真使我明白了老人对佛教、佛学的尊敬，对大慈大悲至善的向往。高剑父遗世独立，高举着以"真善美"为人格完满的旗帜，景仰、倡导着善以养意，大慈大悲普度众生的仁爱情怀及无功利心的人本精神、牺牲精神。高剑父精神的这种宗教式的人文关怀，是对人类灵性、德行、心性的大关切、大慈悲，此中情怀，高师有，关老同样有。

抗战时期，关老有段栖身于澳门普济禅寺的艰难经历，从此与佛教有着挥之不去的情缘。自始，凡寺庙求墨宝，他都答应，从无功利。关怡说："前些年也因此而被假冒的和尚们骗过几次，老人家却也不生气，也不后悔。"这又是他的善良，善良其实是品位的重要因素，人的精神的重要柱石。取字本来不用劳动云峰大师，然而，云峰大师带病坚持要带上茶叶、果品上门拜谢，于是在我的人生记忆中，又展现一幅感人的场景，亲睹两位大师结缘，互相的珍视与敬慕，手拉手的亲切。

7月5日，《广州日报》头版为关山月的辞世刊登了他的一幅近照：鬓发皆白，头埋在两臂中，胖胖的脸，甜甜的笑，笑得特别孩子气。老人不时有孩子气，挺可爱，不时言谈间来些幽默，挺令大伙开心、欢怀。

1995年市政府向关老正式宣告为他设立关山月艺术馆，老人答应了，愿意捐赠他的作品给我们。但捐多少，捐多大幅一直是个未知数，我们一直挂着个哑谜。1998年，与局领导及典藏部整批人马到关老家里去接受捐赠，看着捐给"艺博"的不少巨幅、长卷，我们都高兴极了。他老人家嘻嘻地笑："我对你们好吗？"大伙于是大叫好、好！"够满意吗？"大伙大叫满意、满意！一个哑谜，挂了三年，谜底揭开的兴奋，能不大叫？至今仍记得老人的嘻嘻，他挺会给人制造惊喜。

1997年，我们在他家里谈到西藏，白雪皑皑，风情万种，布达拉宫，藏传佛教，天南地北地逗他老人家乐。谈得眉飞色舞，老人家越听越激动，岂知他来劲了："我要去西藏画画，卢馆长你找人陪我去。"那时我也不思考，一口就答应："那容易，找身体棒极的副馆长孟大昭加两三个身强力壮的青年画家，陪着你去。"出在我口入在他耳，于是彼此高兴散去。

关老一生一直想去两个地方，一是台湾，一是西藏，心心不息，无日无之。回到馆里向局长汇报，局领导说："你卢延光找死呀！八十几岁老人到西藏，几千米高原反应，缺氧，出了问题，用747飞机也救不了。"于是我开始傻呆了，慌了手脚，喉头卡着发不出声，怎么就没有想到他的年纪呢？这下真太随意了，哪有脸皮对关老。于是采用缓兵之计，去西藏再也不说起，老人健忘，拖一拖万事大吉。

过了一段日子，关怡来催去西藏的计划与行程，这次也只得硬着头皮如实说到老人身体去西藏之不适宜，关怡也说有道理。然而，不久，关怡又来电，说老人不肯答应，嚷着去西藏，孩子气来了，老说卢延光不让他到西藏，怎么解释都不听。这次的太随意真让我为难了，关老孩子气来了，关怡难应付，谁也应付不了。别说三十六计，九九八十一变也无用，我左右为难，十分狼狈。好在天无绝人之路，澳门美协主席陆昌夫妇刚好来访，我也把关老嚷着去西藏的事告诉他们。可好，他们都一致反对关老赴藏，而且陆昌夫妇刚刚从西藏回来，缺氧到几乎窒息，他们自愿充当说客。于是两位从此再也不敢去西藏的"救星"为我解脱了，他们的感同身受，终于化解一场"危机"。日后见着关老，他对着我嘻嘻："卢馆长不让我去西藏。"又一脸的孩子气！

老人其实很平凡，而我们却敬佩地称他为大师。大师之所以为大师，其实是品格使然，文化的最后成果为人格，我笃信。观古代画家的大成功者，都有一种与尘世的距离感，保持一种距离、空间，而好作哲学思考。老人，庶几近之。

大师果真乘鹤归去了，不再回来，噩耗忽然袭来，对我如同当头一棒。追思往事，心绪波澜起伏，我有许多话要对归去的老人家说说，以作一曲送别。老人生前对我特好，关怡好几次对我说："老人家很少表扬人，昨天他又表扬你了。"唉，老人再也不会表扬我了，真想大哭一场。

落月淡孤灯

——黎雄才大师二三事

　　20世纪，1948年5月的一帧照片：春睡画院门厅坐满了两三排人，黎雄才就紧靠在高剑父的左侧，束着领带，衣着整齐，清瘦的脸庞庄重而严肃，那时候，他的相貌并不英俊。60年代后，黎雄才开始微胖，反倒越来越漂亮。特别是80年代，人变得豪迈、昂然，脸上常洋溢着芸芸众生中少见的俊拔英气，如有神助。在众多群体合影的照片中，第一眼你就会注意到黎雄才，他的英气直贯头顶，好像有一晕光芒。据一些平面设计家言，"明黄"色是众多色彩中最为突出的色彩，书架上的各色书籍封面，只要有"明黄"色在，读者第一眼就被它抢过去。黎雄才无疑是众生相中之"明黄"。本来，人越老应该越委顿、越残败，黎老却越老越亮丽。我想，这似乎跟他的人格美丽有联系，人越善良其相越变敦厚、慈祥，发乎心而表于貌，相学里有些根据，越善越美。

　　谈到人格，我特别注意黎老喜爱荷花，亭亭玉立而不倚，清丽幽香而不俗，这是荷花的品格。2000年在他家中，我与他的一帧合照，桌上摆着的，就是三水市政府刚刚一早派人专程送来的特大荷花，肥美得清脆欲滴。黎老见到荷花很开心，那天，他给我们背诵周敦颐的《爱莲说》，解释一段引申一段，把他的兴致和喜悦传送给你。

　　荷啊！出污泥而不染，独立而不倚，可远观而不可亵玩焉……

于是，黎老又引来了他常挂在嘴边的四句格言：

运行不息

随遇而安

适可而止

百无禁忌

这四句话，是他对人生哲理的精辟归纳，身体力行，一直贯彻他的人生的始与终。

黎雄才很少作身体锻炼，"生命在于运动"是他的每天勤于执笔。早上起床，早餐不吃就站在画台边写来画去，从来没有停顿过。1995年，他两眼白内障，视力近于0.1，眼镜也派不上用场，他就常常用手掌圈成一个筒状，像儿童似的把手掌掬成望远镜，眼睛往手筒内瞄，对纸挥毫，"运行不息"是从不放弃的。我对着黎老的古怪动作，心生疑惑，他却说，视力无法集中，管中窥豹对画画特别有效。眼睛和手是画家的生命，视力近于盲目的时候，其痛苦凄楚可想而知，而他却想出了如此奇怪的一招，照画不误，这是他的"随遇而安"。

六七十年代，他常骑着一辆破单车满世界快乐地跑，那辆破车一滚动，铃儿不响其他都会响，古怪的音响节奏更使他快乐；那时的他领带不戴了，改穿四个袋的中山装，纽扣也不扣，随便而近于邋遢，看上去活像个今天的进城民工。40年代末，他还是个西装革履整洁严谨而有点派头的留洋知识分子，历经各种名目繁多的运动、风雨、灾难，也已滚一身泥巴，吃饱了苦头，越来越能屈能伸，"百无禁忌"。铜皮铁骨的他，"百无禁忌，大吉大利"。

60年代，广州美术馆请他画画，他画了幅八尺的《庐山仙人洞》送来，这幅画至今是黎家山水的经典之作。报酬是250元，他笑呵呵地接受了。

70年代，广州文物总店请他到店画画，黎老也画了幅丈二的《迎客松》，此巨幅也可成经典，报酬是两条红双喜香烟。那时黎老刚解放，有画画就开心，有两条香烟就更好，这使他更笑呵呵。那年月，是个一不怕苦，二不怕死，不谈报酬的日子。

90年代，什么都有商品价值了，众人于是向"钱"看。黎老的字画价格直线上升，价格惊人。我带着广州美术馆几位领导、部下、司机到黎老府上拜年，只见画室的墙板上挂满了黎老写的对联。这时，黎老又笑呵呵地对我说："每人挑一副，送你们。"在场的七八个人当场怔住，不相信自己的耳朵，你眼望我眼，张大了口，出不了声。十多年来，黎老特别喜爱美术馆上下各人，这样一句话，熟悉与不熟悉的，上至馆长下至司机、员工人手一份，令我们众人简直在过狂欢节。要知道，那时他的一副对联，价格已攀上1万多至2万元。他的大方阔绰令人吃惊。据黎老助手黎振东告诉我们，这几年春节，他都大赠送。凡来拜年，高官商贾，贩夫走卒，身份高低老少不论，人手一份。

佛偈有"放下"一词，黎老乐呵呵地放下，是他对人生对名利的大智慧，"适可而止"的又一注脚。其实，黎老的人生四格言还有一句话，乃是岭南画派精神的精粹。60年代黎雄才与林墉谈论他的四句格言正在兴起，老人突然又曰："还有一句。"于是拉过林墉耳语："不要做官。"弄得林墉在其文《大珠小珠》中特别声言这私下语言令他心领神会地过瘾。黎老人生清醒、站于高处见其思想之闪光。

他叫我第一个挑，于是我挑了最喜欢的一对：

"乱山横翠嶂，落月淡孤灯。"

画人独立而不倚，大都是寂寞的，艺术其实也是寂寞之道。这对联，大概是他对我的勉励，或是他自个儿的写照，不得而知，总之，他喜欢这两句诗。

我与黎老交往16年，1985年因办编《广州美术研究》杂志，登门请黎老当顾问，1992年上广州美术馆当馆长也请黎老当顾问，他喜欢我，一一答应。自此，每年有带一帮人到他家拜年的习惯。1995年，筹建中的广州艺术博物院内设"黎雄才艺术馆"，到他家走动更多了。政府为他老人家建一间"庙"，而"庙"却由我策划、垒起，可说我与他特有缘分。

每次见他，三句不离高师，对老师高剑父的真挚令人动容。八九十岁的老人，又处于宗师地位，高老师前高老师后的不绝于口，该是多么顽强而执着的尊师重道，黎雄才对高剑父恩师可谓刻骨铭心。岭南画派人才辈出，成功崛起，没有几代人的尊师重道，就没有今天这么大的覆盖和影响。

黎雄才从1927年进入高剑父主办的春睡画院，5年间师生朝夕相处，如同父子。天、地、君、亲、师，家族中学生也算第十族。孔子的有教无类，倡导师徒间的美好情谊，一直在春睡画院里得以发扬。门下学画的黎雄才发奋立心，也使自己近乎苦行僧，每天他被高师赶上阁楼，为了使他心无旁骛，高师待他上去便撤下梯子，未到规定时间不许下来。传统教育也有种近乎冷酷与不近人情的严厉，高剑父对黎雄才总是温文与客气，5年的半新不旧的私塾，在中国一流人物的鞭策下，黎雄才已是脱胎换骨。

还应该注意到的是，由高师资助他往日本留学对黎雄才日后的影响，日本美术对"黎家山水"的熏陶。 1932年，22岁的黎雄才被老师推出国门（老师资助学生出洋读书3～4年，也只有孔孟的传统教育理念所特有），其胸襟、学养、眼界更由此而发扬光大。在日本，黎老更关注于横山大观的绘画艺术。横山大观是20世纪与竹内栖风在日本画坛对峙的两座高峰，横山属于日本战后的朦胧体，画得虚无缥缈，此体吸收西洋的光与色，用晕染和没骨法烘托画面，摒弃线条笔墨。竹内却在传统的东方艺术中吸收西洋的笃实风格，保留较明显的笔墨趣味。奇怪的是，高剑父选择了竹内，而黎雄才服膺横山。在日本，黎雄才创作了大批朦胧体，突破了原先的创作程式，得到一次新的创造。黎雄才的选择其实是高剑父教学理念的成功，高师强调弟子不必如师，各走各路，学我者生，似我者死。黎雄才选择横山，奠下了"黎家山水"的未来面目。

黎雄才山水画的变革期在20世纪40年代，形成期在50年代下半叶至60年代，5年的春睡画院的学习，3～4年的留学生涯；从南宗文人画、宋代院体山水复变为写生、速写，向大自然攫取景物；从朦胧体变化为强其骨的笔墨程式，并用焦墨画松近乎剪影的表现，黎雄才的山水画在升华。40年代长达10年的西北之行，广西、四川、陕西、甘肃、新疆、内蒙的名山大川扩展了他的绘画语言及表现力，通变了他的思路和观念，"黎家山水"举世瞩目了。有评论说，黎老一生，就是对一树（特别是松）、一石（各种异石）、一水（流水瀑布）给予新的变通，新的创造。画好了山水画中的三个主体树、石、水，就如庖丁解牛，游刃有余。特别是六七十年代，黎雄才"老夫聊发少年狂"，进入了大幅画面的创作期。各大宾馆、大使馆、人民大会堂、天安门城楼、北京钓鱼台等单位，纷纷请黎老北上南下，这段时间是黎老的豪放期。他的很多经典、名作及传世的山水画，都在丈二、丈八甚至是几十米长五六米高的纸上铺展的。广州艺术博物院黎雄才艺术馆门厅两侧的两幅丈八的山水画，气势恢宏、磅礴、大气，烟云飞舞激荡，苍劲盘曲的老松婀娜多姿，瀑布于九天落下，水花飞溅，山体巍峨出神入化，如有神助。这是20世纪山水画的高峰，足以和历代山水画大家圣贤齐美比肩，更开一现代新局面。

80年代，黎雄才往云南，与云南名家袁晓岑（画孔雀名世）互相珍视。袁称黎山水为前无古人，现代一高峰。黎老感叹地说，从隋唐代起，历代山水画名家日积月累，众峰对峙，冠盖云集，与他们并肩甚至有所前进，就如在世界运动会的长跑比赛，提速0.1秒于世界冠军之前，就要付出终生代价，一生心血。

为了这少少许的0.1秒，黎雄才耗尽一生精力与心血，以93岁高龄独步画坛，换来万千青山绿水，达到20世纪中国画坛少有的高峰。岭南这块历代都被认为文化并不深厚近于不毛的土地，于西风东渐中崛起了一位名震中外的美术大师。今天，因为有了他，岭南文化谁敢轻视？

有时我想，"松为大夫"，他的人格十分像一棵盘结老松，立于山巅，巍巍然有大丈夫气。元代黄公望很注重画家气质，要立品于士大夫气，连用墨也被他称为必用士墨。黎老的画不待说，他的人格，就有种"天子呼来不上船"的诸侯不能友、王者不能臣的傲岸。他面对权贵富豪，从来不低眉俯首，对一些富人，有时会下逐客令，弄得自以为有钱能使鬼推磨的个别卑劣之徒狼狈而出。而面对老百姓，修单车的、卖菜的、作木工的，做工的务农的，都有他至好的朋友。对朋友们时常倒有些"大赠送"，却不让人费分文。中国传统中的人文情结士人风格在他身上表现得淋漓尽致。

有时我在想，他也像一轮清澈的月亮，用他真善美的艺术，淡淡地发出光芒，给人间以美好。

有时我又想，他也如孤灯，孤悬于艺术的高处，寂寞地照亮中国的艺术之道，指引后来者。

"落月淡孤灯"，黎老所喜爱的诗句的意境又泛于眼前。

月落了，黎雄才大师于2000年12月19日上午故去。然而，他的艺术的孤灯高悬着……

我的老师单柏钦

单柏钦是我的老师。1974年我带着少年宫美术班的几十名学生到罗浮山夏令营，在罗浮山脚下认识了这位当报社美编的老师。罗浮山有座会仙桥，那时是我的人生低潮期，遇着这位老师恰如遇"仙"，因为遇到他，我的眼界胸襟为之一变，受他的感染熏陶，人也豁达开朗了。逆境中更得他提携、爱护，人也跟着开心许多。

单柏钦像个散漫的"仙人"，无拘无束的本性令外表也散淡不羁。平常穿一条牛头短裤，赤膊背心，更喜欢穿拖鞋，头发从来很少整理，依这个模样他登堂入室，连上班也是此等装束。他喜欢在报社打乒乓球，时不时就把乒乓球拍插在裤腰后面，大模大样"扬长而来，扬长而去"地进出报社。古时有济公和尚夹把葵扇在衣后，今有单老"仙人"夹球拍于裤腰。他的这种几乎是入"仙"的放肆个性与举动在"文革"乃至极左的17年间形成，三岁定八十，他是终生不改的。他大碗喝酒，大声讲话，酒酣更是肆无忌惮，脾性近于魏晋六朝人物。《广州日报》是机关报，政府机关竟有如此模样的人大大咧咧地进进出出，在广州绝无仅有。2002年，他的个人画展在北京中国政协展厅举办，展后在政协富丽堂皇的宴会厅里，举办其画展庆祝宴，上下人物正襟危坐，唯有他喝了碗"迷魂汤"后，便呼朋引伴地全场使气，旁若无人。广州市政协的秘书长眼见如此礼节严肃的宴会上，"散仙"却在口若悬河，满场游走，生怕场面失控，酒后出事，真是提心吊胆！宴会厅外，秘书长急忙把我找出来说出担心，要我"救场"，我摊开两手："有什么办法？"即使上了玉皇大帝的天宫大殿，单柏钦还不是照样"原形毕露"？大伙没法子可想。结果宴请却很成功，老师收放自如。

老师疾恶如仇，其实说他像"仙"，倒不如说他像钟馗，在广东画钟馗，叫单柏钦第二无人敢叫第一。"文革"中报社经常最早知道消息及信息来源，甚至是小道消息，他常常在家里当着我就开骂"四人帮"一类人物，忧国忧民之心异乎强烈。见着一些极左小人忍无可忍，他更会开骂，甚至对着此类边骂边跺脚，以跺脚为痛快，为助威。嬉笑、怒骂、使气、爱憎分明犹如冰火对比，很像红衣钟进士。他说："我喜欢这个人，我把对人世间的看法寄托在钟馗身上，借钟馗来发表看法，我把自己也当作钟馗。"

20世纪80年代，春风吹拂，单柏钦也从过分的艰难中走出，头衔也开始多挂几个，诸如市政协委员、市美术家协会副主席、中国画会副会长之类，跟着就有人请挥毫、请赴宴，我作为学生也有幸跟着"挽箱挽鞋"地忝列其中。"文革"后，物质还相当匮乏，许多时候就跟着他以及林墉、苏华夫妇，伍启中夫妇，陈衍宁夫妇到四乡、小镇"扫荡"，我们笑称自己一队人为"还乡团"。画些画，吃些家里吃不到的，最后还有些"战利品"土特产之类收获。一天晚上，照例到老师家去，单柏钦赴宴未回，隔了一个钟头，楼下好几人挟着老师生怕闪失地蜂拥而上，楼梯上单柏钦哭声不断。众人告诉我，老师直从酒家哭回家里。一问，原来是单柏钦、林墉两人喝了两杯，触景生情，又触着过去长久的苦难，双双抱头痛哭、大哭、尽情地哭，哭到众人慌了手脚。经过"文革"那段时日的凄楚，终于盼到今天的好时光，能不哭？

2002年，出国10年多的单柏钦又一次回到祖国，我高高兴兴地陪着这位老师去见林墉。那时林墉刚从疾病中转危为安，逃过大难，正在养息调气。两人相见，互相望着不久就拥抱起来，于是相互之间又哭出声来，泪花挂出，伤感弥漫一室，令在场的苏华与我忍不住鼻子同时发酸，陪着哭去。唉，人世间友谊的真挚，特别是出在这两个多愁善感的艺术家身上，总触发许多伤感的泪水。跟着老师30多年，见过他的喜怒哀乐、嬉笑怒骂，见着他流泪的就两次，他是如此的多情与善良。

单柏钦幼年丧父，家里穷得叮当响，从小没机会读书，12岁就做了油漆工。这种活计使我想起"明代四家"之一的沈周。沈周早年也是漆工出身，油漆工干活时照扫照描容易成就美术。单柏钦自小喜欢画画，边干活边画，叔叔认为这是不专心致志学艺，画画是不务正业，想来想去让单柏钦去打铁。到了1956年，鬼使神差，这个连小学也未上过的小子，竟考进广州美术学院，当时的4000多名考生只录取了20名，弄得一家人见到眼前这大学生之后简直不相信现实。跟着关山月、黎雄才5年的学习到了毕业，单柏钦捧出了《踏平东海万顷浪》的毕业创作，作品挂出，震惊满座。全国画展，这幅画影响很大，至今，北京的不少同行一谈到这幅当时十分少见的人物画时，往往充满敬意，连周扬、林默涵这批早期的中央宣传文化口的头头都纷纷点头，以示好评。

老师在广州美术学院当过关山月的助教，现在不少学生已鼎鼎大名，又一度辗转于南方日报、羊城晚报、广州日报工作，经常是早上睡觉，深夜上班，下午晚上画画。20世纪50年代到70年代，单柏钦可说经济拮据，在默默无闻中度过。70年代初我到过他的又黑又脏占地十几平方米的"老巢"，小厅塞满两张幼儿园式的上下床，被四个女儿占满，女儿们小，经济又困难，有时同时因为饿得发慌作传染式的大哭。四腔声响哭起来惊天动地，两夫妇也手忙脚乱。混乱而一塌糊涂的局面使单柏钦想出一个对付饥饿的办法，每天煲一大锅米粥，四个女孩一哭，两夫妇就马上喂，一喂就止哭。这种弄得焦头烂额才想出的止哭法常常成为我们日后的笑谈。

80年代，单柏钦的画越来越得到海内外的欣赏，在广东他是最早得到各地收藏家、权威部门认可的画家之一，名气越来越大。他春风得意而随风茁壮，在海外同样影响深远，港澳台、新加坡、马来西亚，人们慕名纷至，宾客常常爆满门庭。

80年代末，单柏钦往加拿大定居，重新走了一条往各地各国展览、教书、读书、写画的道路。生活是不愁的，国外的居住是宽敞的，环境又是一流的，然而，去国10年，单柏钦怀念祖国的心却越来越炽热。这个在传统文化、诗词歌赋、书画琴棋、人文历史怀抱中长大的知识分子，身在异国却越感孤独。他告诉我，在加拿大，常常整个冬天都在他的画室中度过，没有走出家门一步。

从门庭若市到门可罗雀，一个艺术家所经历的戏剧化过程，给单柏钦生理及心理一个极大的考验。他的早期耐得寂寞，现在更要忍耐寂寞。年纪渐大，老师又生出一种渴望被理解的愿望，生出一种个人艺术不被理解的悲哀。他说理解他、懂得他的人不多，2002年在北京，光明日报记者徐可的采访中，他谈到自己出国后的心声。

我想，他是一个忧国忧民具有强烈爱国心的知识分子，在广东画家中书读得尤多，对中国历代文化人的理解与敬仰乃至刻骨铭心使之又生出一种亲和感以及同归感。老子的道学、庄周的哲学、魏晋人物的风骨影响，使单柏钦生成了今天的人品风格，而儒佛的世界观又使他悲天悯人，有种士大夫的大家心态。处于异国，画的是古人，他的悲哀是受其文化所累，他的悲哀又正是"独上高楼"，思想于高处所形成的矛盾冲撞的反馈。唐代陈子昂登高而呼"前不见古人，后不见来者"的千古绝唱，同样是一种思想处于高处的无助。

他告诉我，画画到一定高度的时候，就是画哲学、比哲学，无怪乎艺术家必须是个思想家。

30多年来，平常一见到朋友，我的老师总给人以温暖的开怀大笑，笑得随意和爽朗，有时又笑得狡黠和坦白。再看看2002年第9期《中国政协》杂志介绍单柏钦艺术的版面中的个人相片，面部全部绷紧，紧抿着嘴角，紧皱着眉头，严肃得俨然是背负着苦其心志之大任的沉重，单看外表便不可亲近。单柏钦的面孔，如一个钱币的两面，要研究单柏钦是须得十天八天才可以完成的课题。

父亲告诉我，
我是给虚云在三宝大佛下摩过顶的小孩。
大概是外公外婆的关系，
我于1948年出生不久，
便被抱到六榕寺，
在释迦座下，
吾母抱我跪下，
虚云念经毕，
伸手往我头上摸去。
2007年，59岁的我，
在南华寺内虚云舍利塔前，
首次向老和尚叩头9个。

云上的老头

云峰大师是个极和蔼的人，
见着他每时每刻脸上都堆着微笑，
轻轻的、浅浅的笑，
他的笑，给你暖意，给你平静，给你安宁。
每年春节，
我总带着一家人毕恭毕敬地到他居室去拜年。
亲近他即亲近佛，
亲近喜乐，
更亲近慈悲。

云上的老头

高奇峰（右三）在天风楼的几位学生号称"天风六子"。
他们统一穿着白色的唐装长衫、
各人带点做作的合照，
好像在舞台上摆角色。
这在我们现代人的眼球注视下
总感觉有一点"摆款"的不以为然。

云上的老头

1951年，高剑父病逝于澳门镜湖医院，
此时的翁芝才30来岁。
从此，她几乎把所有的爱给予了儿子高励节，
她的生命意义就是坚强地活下去，
让儿子成材，薪火相传，
让剑父的艺术发扬光大。
此照为我在香港与高剑父夫人翁芝、儿子高励节及其亲属、学生合影。

云上的老头

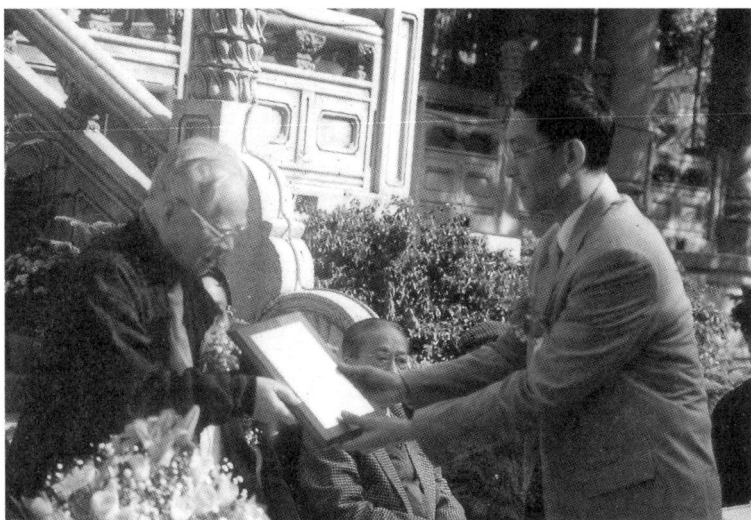

1995年广州市政府向关老正式宣告为他设立"关山月艺术馆",
老人答应了。
愿意捐赠他的作品给我们。
1998年,
我与市文化局领导及典藏部人员到关老家里去接受捐赠,
看着他捐的不少巨幅、长卷,
我们都高兴极了。
这是我代表广州艺术博物院向关老颁发收藏证。

云上的老头

我与黎雄才老交往16年。
1985年因编《广州美术研究》，
登门请黎老当顾问。
1992年，我当广州美术馆馆长，
也请黎老当顾问。
他喜欢我，一一答应。
自此，每年有带一帮人到他家拜年的习惯。
1995年，
筹建中的广州艺术博物院内设"黎雄才艺术馆"，
我到他家走动更多了。

云上的老头

经香港天地图书公司刘文良兄推荐，
上世纪80年代我为新派武侠小说大师梁羽生先生的小说插图，
因此得识先生。
每见我，
先生总希望我到法国巴黎走走，
于是就不厌其烦地向我描述罗浮宫等等博物馆的绘画与雕塑……
这是我和妻子与梁先生合影。

云上的老头

从青少年时起，
我就一直崇拜、仰视戴敦邦老师。
师尊的画，师尊的文，师尊的人格令我向往。
2002年我与夫人到上海，
程门立雪，
拜在老师门下。
老师的慈爱、谦和、博学，
令小子至今想来仍会激动。

云上的老头

接掌关山月的位置，
王玉珏一直当了十多年广东画院院长。
外界有称广东画院为"君子画院"，
这大概应与掌门人的个性风格有关。
看她几十年的人生历程，
博爱厚德、尊老爱幼，
艺术上的有为创造和行政上的无为而治，
皆源于"仁"与"智"的崇高境界。

云上的老头

我的外祖父与许广平是同一个爷爷所出，
所以我的母亲称广平为姑母。
这是我与表叔周海婴、
表弟周令飞及广州电视台前副台长凌妙颜在广州图书馆鲁迅、
许广平塑像揭幕仪式前合影。

云上的老头

两年立项、
择地、
申报，
六年建设装修，
为了这座目前全国最大的艺术博物馆
——广州艺术博物院，
我个人被挤兑得心力交瘁、精疲力竭。

云上的老头

从上世纪70年代末到90年代初，
我一直以画连画为主，
直画到青丝变白发，
其个中甘苦，冷暖自知。
这是我在上海为一大群热情洋溢的连环画友签名。

雾上的老头

孔子曰："六十而耳顺。"
耳顺是什么哩？
照我的理解便是左耳入，右耳出，
居中没有堵塞、停顿，声音进耳，
顺遂而出，顺风顺水，
心安理得。
花开花落，云卷云舒，
经耳到心，消化，咀嚼，
反刍都变成了和谐。
（我在家中）

云上的老头

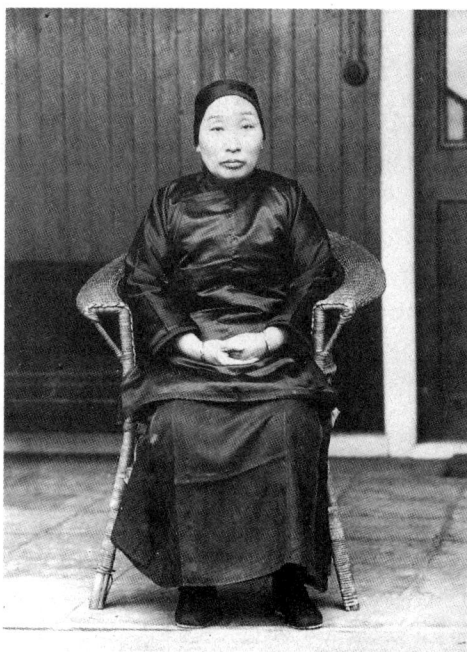

朱太夫人是母亲的祖母。

2001年9月出版的《鲁迅与我70年》中，

周海婴是这样描述这位朱太夫人的：

"老人家笃信佛教，在楼上设个小佛坛，供奉观音菩萨，每天烧香念经。

母亲(指许广平)带我上楼拜见这位阿婆时，

她总要从佛坛上取个苹果之类的水果，

慈爱地用广东话对我讲：

'呢个系菩萨食过的，你食落去会消灾祛病，长命百岁。'"

云上的老头

许应荣死后30年，
浙江省民众自发地集资为他建了一个巨型的牌坊。
20世纪40年代，
许氏后人由朱太夫人率队，
在牌坊前合影留念。
此牌坊现存杭州岳飞庙外。

云上的老头

母亲的伯父许崇灏是辛亥名将，
在蒋介石政权下一直郁郁不得志。
其命运有点像宋代的辛弃疾，
都是青年时英姿勃发，
气吞万里如虎，
到中晚年只剩下孤灯残梦，落魄寂寥。
此照为许崇灏（二排左二）1948年4月参加蒋介石的总统就职典礼留影。

云上的老头

往事随想

关山月的小狗莉莉

因我的老师单柏钦从加拿大归来，每每由我陪伴看望他的老师关山月；关山月故去，老师依然让我陪伴他拜访关老故居，看望关老女儿关怡。见关怡，便忆及老师。

关山月师最爱的小狗依然健在；它名字叫莉莉，一听唱名，便知是狗小姐。我到关老家不下几十次，每次见着这莉莉，它老吠叫，不知是吆喝，还是欢迎。平常怕狗，怕它冷不丁地啃你一口，那会令你大惊失色兼要打上一打的防疫针。每次见着它，都在关老脚下兜转，或爬到凳上旁听人类彼此的攀谈。大模大样，放肆得很。因为自个儿是客人，因为尊敬关老，有时连带着哄小孩式地给它几分亲热与夸奖；又因为老人家喜爱莉莉，"逗狗看主人"，于是我们也势利地对小狗"拍马屁"。

莉莉伙食好，长得圆胖，周身肥肉结实爆满，很"肉感"，有点像猪。其眼大，嘴尖，毛色硬而好看，棕黄间着雪白，每每喜欢听人说话，摆摆款，以主人自居。

这次到访，它也出来迎接，就蹲在我的脚下，于是，我又习惯地用手摸抚它的毛，拍它的背。忽然关怡给我递来一枝"不求人"，着我为它搔痒，并说莉莉很识"叹"（识享受）。于是我就动用"不求人"在狗背上挠来挠去，轻轻地从狗背上、头颈、脚、屁股到耳朵，让他叹叹"美术馆长"替它搔痒的滋味。它背对着我，蹲着不动，看它表情自然是挠着痒处的舒服。不久，它竟翻躺下来，腆着小肚腩，分明叫你往它的那处挠，于是我又尽力去搔它的肚腩。我们在一边谈话，一边给小狗整整搔了30分钟的痒，真是不遗余力，为"狗"服务态度水准一流。30分钟过去我停了下来，不再玩狗了。然而莉莉却不依不饶，在我脚下转圈，用身体摩擦我的脚，看我没有动静，它竟用前爪拍打我的脚，并吠叫着。关怡笑了："它不甘罢休呢。"这死狗真识叹世界，我心里嘟囔着，于是又替它挠着，莉莉又满意地躺在我的脚下，凸着肚腩，眼睛一开一合好舒服。

不久，我又停下，莉莉又来脚下转圈，跟着前爪拍打，吠叫，这真是没完没了了。我于是吆喝：去！去！我指着凳子，示意此狗爬上去。它却瞪着我，叫着，又来拍打我。这家伙真不与你客气，不要说礼貌，简直是吆喝你给它服务。客厅里众人都在大笑，我也只得狼狈而无奈地对着莉莉挠过去。这狗也真恶作剧，整整给它服务了一个钟头，而且这等服务尤像画工笔画，细致而精工。

时间不早，我与柏钦师动身告辞，此时却不见了莉莉。关怡与章绩老师送我们往屋外的小花园走去，远远地，我看着莉莉，站在大门间，头朝门外一声不响，门口狗大概就是这个模样，我想。忽然，章绩老师笑着说：莉莉蹲在那里送你们哩。这一说使我想起来关老家的每一次，从来没有见过它蹲在门口，这是唯一的一次，它在送我哩。呵！大概是搔痒服务感动了它，小狗把我作为朋友，难怪关老喜欢它，它竟会为我送行。

这就是莉莉，知恩而图报，最终给你一个感动。据说关老去世，此狗不吃不喝有好几天，很有点情义，很有点"无产阶级"的"革命"感情。对于狗，历代都有许许多多的感人的事，难怪宠物以它为首。它们是动物，我们又总原谅它的不懂人性，然而，它们所演绎的美好，比我们作为人类的一些举动，例如恩将仇报、以怨报德、反诬好人的恶行不知要高尚多少倍。我想，人类的亲情、友情越来越淡漠，养狗的人也会越来越多。

告别之余，我也弯下腰，低下头，摸摸莉莉，拍打着它的背，说声再见，舍不得离去。

岭南画派向以尊师重道、学友互爱的情义的故事最多、最感人，不想关山月的小狗，竟也受到感染。

高剑父夫人与星仔

　　1951年，高剑父病逝于澳门镜湖医院。翁芝那个时候30来岁，可谓青春可人，突然遇此重大变故，用凄惶手足无措可以形容当时的心境。普济禅院追悼会上的她眉头结成一个疙瘩，愁云惨雾，寡母孤儿，沧海茫茫四顾，孤舟不知泊向何方。三十而立不多年，忽遇如此断了希望、拆了生活及精神支柱的人生灾难，命运对她也太过残酷。

　　20世纪30年代末，翁芝从中山县小黄埔村谋生于大广州，一眼被高剑父夫人宋铭黄相中，迎进高门，从此边为剑父料理生活起居，边在春睡画院随侍笔砚，与同门学生一道，朝夕得获晓教。作为夫人与学生的双重身份，翁芝的绘画从学步到创造，都有种"士别三日"，令人刮目相看的精进。40年代翁芝的一批绘画已经不让须眉，内涵就很得剑父神韵，女性的秀丽、儒雅、用笔的大胆和用色的到位，堪称那个年代的女中之杰。《木鸟图》现在回过头来看看，依然是那么的夺目璀璨，放到21世纪，仍是女性工笔花鸟画的上乘之品。

　　30多岁后的翁芝几乎是把所有的爱给予了儿子高励节，她的生命意义就是坚强地活下去，让儿子成材，薪火相传，让剑父的艺术发扬光大。在50年代初的艰难岁月，港澳经济崩溃，失业人口猛增，到处一片乱局。翁芝独守空房，独身撑起这个风雨飘摇近于贫困的家。一忽而变成遗孀，剑父又不善积蓄，常以接济他人为乐事，留下为数不多的字画，几近于家无长物。翁芝硬撑下去，儿子从初中到高中直至大学，到初为人父，又到中学校长，撑出了儿子新的一片天地；硬撑下去，高剑父的遗作展览，她每年都与学生们筹措举办一次，以作纪念，直至与儿子励节、女儿励华一起捐出高师的书画、遗物，甚至春睡画院的房产，终于看到了高剑父纪念馆的落成，又撑出了岭南画派一派光明。从青丝黑发撑到满头皆雪，怎"坚毅"两字了得。到了21世纪她也垂垂老矣，80多岁的她几十年来深居简出，寄情于书画，养一小狗为伴，安度她的晚年。2002年，我专程到香港拜访她那简朴的小居，拍下了那安然而宁静的居所，拍下了她越来越善良慈祥的笑脸，拍下了陪伴她十多年的小狗。老人家仍然硬朗、达观、随和，竟一天之内为着我这小辈的到来两次出来作陪。在高师学生黎明夫妇的约请安排下，中午便宴，晚上火锅，黎太太不停地夹菜给她，她照单全收，胃口异常地好。她一直陪着我在笑声中度过这愉快而亲近的一天。

人生不易，不如意事十常八九。翁芝面对剑父逝去50周年的艰难、孤独，活得高尚、清雅、脱俗，无怨无悔，微笑着面对人生，老天爷报答她以安宁。我面对如此长者，由衷地敬仰她的坚忍、执着、开朗、安详。她的人生相当感人。

翁芝的小狗称星仔，蛮粤味而又亲切的称呼，使我想起了周星驰，"无厘头"地给你一顿捧腹大笑，快活得傻头傻脑，其实有时也很"现代"。星仔在高剑父遗孀家里生活也很快活与"现代"，满屋地钻来钻去，忽而钻到厕所，忽而钻进厨房，忽而又钻到你的脚下，在裤脚外来回不停地快活地左转右转，令怕狗的我毛孔收缩，精神高度集中，眼球紧张地盯着它的尖嘴，怕它顺势给我一个印记。翁芝老太太像面对小孩般地吆喝着它，它更不听话，越发满世界跑来跑去。

星仔显然是一只牧羊犬，"进口兼内销"，纯种外国货，这比关山月家中的莉莉、十香园中高大威猛的狼狗值钱多了。带洋味的星仔毛色黑白相间，毛长得特别长，然而，背上身上的毛却脱去一大片，露出大片大片的忽红忽白的狗肉，斑斑点点，不很美丽，反正是个"男"的，星仔从来不重视外形美不美。我问高励节，星仔脱"发"是否生病？励节笑着说，母亲一边吃饭一边喜欢夹菜给它，炒熟的牛肉、鱼肉、猪肉甚至蚝类、贝壳类的熟食物，星仔照样吞进肚里，而且津津有味，日子一久，也就"进化"成这个"脱毛"症。这只牧羊犬，从孩童时就到了高家，到现在已有10多年，人客一来它就吠叫，声音极其雄壮响亮。翁芝喜欢听这种声音，偶尔叫几声打发寂寞；翁芝喜欢它的顽皮而不听话，吆喝几声，划破整天的寂静；翁芝喜欢它跑来跑去的不断走动，安详端坐的她看着这来回的动感，恰好成对立的统一。儿子励节去台湾读书几年，回港后终日为糊口而早出晚归，几十年的寂寞、孤独，日渐老去的她，有了星仔的陪伴，给了她许多的欢愉、开心、快活，何况它真的有点像大小孩周星驰般的恶作剧与顽皮。

星仔，是一只不远万里来到中国，全心全意为中国人民的翁芝服务的动物。

大道低回　大味必淡

——记高剑父公子高励节

儿时的高励节在澳门度过，对于他的人生，那是刻骨铭心、抹之不去的童年记忆。

澳门的美丽、古朴、文化及其安逸悠闲、民风纯正，400多年的传统古脉，却会使励节激动、难忘。深深怀恋，连同这个城市的信息、基因、密码都留在了他的心灵、脑海、基因里，影响了他的一生！澳门，对他来说是太重要了。普济禅院、镜湖医院、教堂山、大三巴乃至大大小小的麻石窄巷。

励节的父亲高剑父也特别依恋澳门。此地是他设帐授徒、禅寺礼佛、奔走革命、挥毫创作、坐楼品茶的地方。他多次选择这里为他的养生地、栖息地，甚至国难当头，避居这里，很多抗日救亡的国画也画在这里！最后的归宿也在这块他所热爱的土地上。澳门，对高师太重要了；而高师对澳门也太重要了，有了高剑父，澳门的文化光亮才会因大师足迹、因人文记录而熠熠生辉。

而今，澳门政府及基金会在剑父逝去60多年后为他的儿子励节办画展，恰好是一人文回应和记录，也恰好是对高剑父大师的怀念及对励节成就的肯定和人文关怀。

励节的山水第一，书法第二，走兽第三！这是我的评价。以父亲的血脉、基因为依托，从胎记里已给他很多艺术的先天因素和后天颐养。名门之后，大家都不敢小看。他果然也出手高格，不可小窥。

之后，港澳岭南画派两大家杨善深、赵少昂都分别对励节有很多的教导和栽培，特别是杨善深，对高励节的影响是深远、巨大的。名师与名门，高励节才有今天摆在我们面前的他的绘画、书法和艺术。

励节的山水基本脱开其父、其师的岭南画派，而取北派黄宾虹一路，其足迹所踏也是北方山水名川。他的山水与他的个性及追求格调密不可分，励节南人而有北人的豪雄、刚正、坦荡，也是注定他有南人北相之"贵"气。而反之，北人南相同为贵格亦是此理。《峰山夕照》是励节最经典的作品。所以我举第一。

励节的书法学父亲，大气、纵横、泼辣，甚至肆无忌惮，开合伸张自然而然，承接了父书风而又更有变化，更有现代气息。在广东港澳书坛是不多见的，尤为珍贵，当是上乘之品。此当取其艺术之第二。

其余之走兽（其迹善深）、花卉（其迹昌硕）、人物（其迹黄慎），看到励节的艺术实验过程、路径，三者中人物又为上品。

1992年，我一不小心当了个广州美术馆馆长，到任后才发现属下还有两个馆，一个是高剑父纪念馆在盘福路，一个是陈树人纪念馆在署前路。因此也终生与岭南画派结下不解之缘。这或许是前定的缘分，冥冥中老天自有安排，自此也和高师夫人翁芝师太、儿子励节接触越来越多，彼此越来越相互爱惜、惦念、关护。每想到一直以来两地情谊，那种惺惺相惜、互爱珍重，友情的美好，往往令小子激动不已。

如今，翁师太已86岁，励节也过从心所欲之年，我每回到港，师太必应约出门，陪着我，有时甚至是上下午的欢叙。看着她老人家弯着腰、弓着背仍然笑逐颜开，乐观开怀，我五内感动；励节也顽强地、达观地珍惜着生命，孜孜不倦地求索探艺，读书写字，铺纸画画，生命不息，顺天安命。每回见着他，我们有说不完的话题，道不完的情谊。

在内地、在港澳，他们母子俩是备受尊敬和推崇的人物。天下谁人不识君？然而，你遇到他们，见着的却是平凡而处、平淡为人的人生守则和态度。朴素、清凉的生活，素淡得令你羡慕而尤生敬意。从20世纪60年代的家具、小小的一厅二房的房屋、简简单单的器皿乃至粗衣素食，母子俩简朴得不能再简朴。然而，他们却为国家、民族捐赠贡献了极有分量的房产（盘福路占地面积2300平方米的春睡画院），现在的房地产价格计算该是多少千万人民币？大量珍贵的绘画、手稿、文物，要知道高师一张画现今已是80万到100万！他们一家都是大舍大弃之人，是怎么一种人文情结了得！满眼物欲横流，竞逐豪华时尚，信奉金钱第一的现在，母子俩的处世哲学所结出的高洁淡雅精神，是我民族和全人类的思想辉光。

生逢乱世的高剑父如此，时值盛世的母子俩也是如此，呵！这才叫可歌可泣！这才叫大道低回，大味必淡！

在港澳，他是位极有重量感的艺术家，可谓凤毛麟角。将来，谈港澳的艺术品位和艺术地位，离不开高励节。从路径、出身、信仰、授业、勤奋、广博、学问、修养，他人都有，励节的独特或绝无仅有在于出自名门，受业名家，而且是近500年南方涌现的第一个方兴未艾、生机蓬勃、开拓创新的庞大雄厚的现代画派。500年有王者出，高剑父是王者，而剑父之子励节也不辱父命，以其今天的令人赞赏的艺术成就回答着实践着虎父无犬儿的信念，继续成就未来。我是相信作家叶兆言所说的"成就大学问家不外乎几种途径，一是出自名门，一是源于名师"。而高励节两条都占，也是无可奈何之事。他是几组人文文脉的激光交汇的交叉亮点，是不可模式翻造批量生产的人物，尤为光亮、灿烂。国内现代教育或港澳式的西方教育很难造就出一个高励节式的人物，他的珍贵和独特也在这里。而地域及其生活经历独特的多种因素的交汇又成就了他。

淡妆素抹

——记广东画院院长王玉珏

　　王玉珏的名字如果从姓名学上分析，起名在于独特、奇巧，甚至有点"怪异"，三个"王"字加两点，真是别出心裁，没有深厚的文化功力或仔细思考，怎么可能取如此雍容尔雅而又独一无二的名字？然而，她却实实在在地出身于河北一个铁路工人家庭，怎么会取上这个名字现在还是个谜。

　　1990年，我在《广州美术研究》任主编，总第六期的封面人物将要介绍王玉珏，打电话告知，请她挑选最满意的个人照片，准备一万多字的别人评论，最好能翻箱倒柜地给些个人老照片让我刊登。电话那头答得很委婉："不希望个照登在封面头版头条，文章由我提供，老照片尽量找。"不久，由刘仁毅写王玉珏的文章放在我的桌面，一看，竟是一篇短小的散文，或更像一首诗。案头上短短几百字的文章或诗歌令我"大失所望"，原先想"隆重"推出画坛重量级人物王玉珏的设想，竟归于"失败"。封面照片只好改换了其他人物，文章因为短，只得排大号字，使版面拉长。就这么个王玉珏，把雍容的"包装"转换成简洁，把将得的"隆重"归于素淡，把高昂化为低调。1990年正是商品经济火红火红的年代，时尚又刮起"注重包装自己"、炒作推广艺术家个人形象之风，拒绝时尚潮流的王玉珏恰好给我上了一课，不为潮流所裹挟，这是王玉珏的素心与从容，独特得万中无一。

不过想想也难怪，所谓名如其人，她的名字如此独特，人也就会独特吧。

独特，短短的诗句写出了女艺术家的心境与心意。言简意赅，优美而淡雅的诗句把王玉珏人生的童年、少年、青年、中年囊括进去，用歌声述写人生。

那一年，她16岁，站在美术学校的考场上，放声朗诵何其芳的《春天来了》：

来了，她带上自己针缝的布娃娃。

来了，北方的雪，南方的风。

她的人生感受，正是从春天开始。

帷幕徐徐拉开，舞台上，她扮小天鹅，

扮白桦树……荆钗布裙，她走过来了。

十年窗下，一举成名。于是人们都知道了王玉珏和她的处女作《山村医生》，都记得那一朵鲜艳的山茶花。

音乐如玉，音乐如水。

她自小就与水结下不解之缘。八岁那年竟不知进退、贸贸然跳进了如诗如画的漓江，差点永远浮不起来了。

她独钟情于一杯白开水，不喝茶，不喝咖啡，更不喝有色饮料。

她雍容尔雅，十足闺房之秀气，却出生于铁路员工之家。那年月，常跟随父亲爬火车头，躺在巨大的贮水柜顶，倾听滴水，仰望星星，做着鹏程万里的梦。

果不然，山远水长，她一直豁达地沿着自己的轨道而行，自信不疑。不见其人其画愁眉锁眼，郁郁不乐，但见其人淡妆素抹，落落大方。

她画水仙，画清幽含蓄的芳香，画金盏银台的高贵。走进她水墨工夫营造的空间，我如船坐春水，雾里看花。是其人？是其画？—是春天的故事。我听见一泓清溪，淙淙流响。

长空的大雁鸣叫着，排成人字形飞过来。——人们，我是爱你们的……她背诵过这句悲壮的格言。

远在初中时代，她就熟悉那些可歌可泣的故事，并描绘故事主人公的形象，悬挂在教室的墙壁……终于，在高等美术学府，她欣然地选择了人物画专业。她画少女，画母亲，画孩子。几番洛阳纸贵，几番金榜题名，都会成为过去。唯是笔下的人物则让人们永远不忘：画中的姑娘们，都不像她，可又像她；摘果子的妈妈，当然不是她，似乎又是她；《冉冉》，无疑正是她的儿子。

我实实在在地感觉到母性的情怀，这神圣的情怀在不断地扩大，在天地间。

刘仁毅此诗文写得充满人文主义精神。确实，画家倘若没有此种人间情怀、人文关怀作支撑、作人格内涵，刘仁毅便不可能写得如此深刻，也便不能写出如此上品的文章。

广东美术界曾执牛耳的几个人中，王玉珏是属于低调、平淡、素雅的一个。身在名利场上，精明却与物欲保持距离；身在美术界的高位，像一只人间之鹤，飞来飞去却不飞往权势、官衙之门，而飞到少年宫在孩子们中间排排坐，食果果；又飞到平民百姓的心坎上，前些天，她还在唠叨、记挂着失业群体、下岗职工、贫困学生的艰难无助，呼吁社会救助。最切身感受的是，我忽然天降"霉"运时，关键时刻许多人都离我而去，几乎到门可罗雀的地步，更有人居然落井下石。在此遭际，她却像个老大姐，几次打电话到我家里，给我以问候及安慰："此时给你在广东画院办个个人展览吧，好吗？"我知道此时遭遇冰冷，办个展览有热热身的意义。

"当个画家最好不过的了，安安心心去画画。"我知道她此时无疑是给我当心理医生，对我开解与诊治，使我清醒。我与王玉珏平时谈话就少，公事来公事去，身为她的旗下画家，有时遇上更多的是对美术上司、师辈的客客气气的点点头。2001年，我陷于"雪"中，她这位老师频频给我这个晚辈送"炭"，虽上下地位悬殊却给了我真挚的帮助，我心里写满了感动。我感受到这是人格的善良，于人的关爱，又使我想起刘仁毅"排成人字"的"长空大雁"那句诗。由此感叹，博爱不易，特别是功利主义昏天黑地的当下，动动手、张张嘴都要计较价值、利害的物欲张狂时代，心存博爱无疑会成为鲁迅所说的"人间祭台的祭品"。然而，中国仍是有一批如此"倔强"的人物，把人文的基石垒起，又有一大批站在基石的人们，像大雁，排成人字，对大地、人间投下人文关怀与爱，绝不后悔。中华民族五千年历史，几经灾难而屹立不倒，首要因素应在这里。

1963年，我还是个初中生，正在拼命地学习绘画，例如，经常往美术学院教师学生的课室、宿舍里钻，爬上别人家的窗台，聚精会神地盯着厅内张挂的画，又买些李公麟、芥子园、费新我等等的书临摹。总感到中国人物画不发达，表现力过于单一板滞。王玉珏的《山村医生》《农场新兵》一出，令小子我有种突遇清新和吃惊的感觉，人物画居然可以这样画！她给艺术带出一个新的概念。王玉珏老师那时刚在毕业班，我也曾钻进她的画室，瞪大眼球去看《山村医生》的草图、草稿和原作。广东最著名的艺评家迟轲老师评价王玉珏的画恰如其分："王玉珏学生时代所作的《山村医生》《农场新兵》即引起全国瞩目和多方赞誉……他们看到了传统的中国人物画获得了全新的面貌。"与此同时，画家对于艺术的形式和艺术技巧，进行了更为精深的探讨，从而把工笔重彩的人物画推向一个新的高度。迟轲权威的艺评给历史下了结论。

关山月、黎雄才很喜欢这名学生，为有这个学生而骄傲，总是拉着王玉珏自豪地介绍给前辈或其他同行。黄新波、方人定也都刮目相看这名小小年纪的高材生。老人们无疑都把王玉珏看作是他们岭南画派大树下养育出来的"成果"。

接掌关山月的位置，王玉珏一直当了十多年广东画院院长，外界时有称广东画院为"君子画院"，这大概因与掌门人的个性风格有关。这个画院清雅、安静、平淡、谦谦有礼，彼此之间见着总是客客气气，相互间包容、互谅，和谐是广东画院的主旋律。王玉珏说："画院是全省的美术创作专业机构，画家们的任务就是要出好作品，要创造一种人文的氛围。"因为有了这种洁净而柔和的环境，平淡而清雅的"人际空气"，广东画院在全国地位举足轻重，成就不断。广东是文化大省，因为有广东画院一批大家在，文化大省的称号才有底气，才不会被人小看。

刘仁毅说王玉珏"十足闺房之秀，雍容尔雅"。看她几十年的人生历程，博爱厚德、尊老爱幼，艺术上的有为创造和行政上的无为而治，皆源于"仁"与"智"的崇高境界。我感受到"秀气中挟带着一种鲜见的'贵气'，在雍容中穿插着一种'大度'，直见其'丈夫'气"。

"厚德载物"是清华大学的校训，承载万物才见其大。这是古人的智慧为他们所用。

想起了鲁迅 想起了私塾

儿时怕鬼，20世纪50年代读小学，那时有种风气，每晚七八个同学常常组织起来自习，大伙闲暇围坐其间就喜欢谈鬼。小伙伴们互相讲些从大人那里听来的鬼故事，惊险、刺激、恐怖、神秘的猛鬼幽灵满天飞，谈得绘声绘色更眉飞色舞，令听者惊吓得神经兮兮，越胆战心惊越要洗耳恭听。听后，又神经兮兮地结伴壮胆回到家里，钻进被子还感到阴风阵阵，毛骨悚然，生怕在黑暗里忽然伸出一个鬼头，拖出长舌，冷不防从背后抓你。

死有份，活无常，当是鬼世界里的主角，勾七魂夺三魄是他们的"革命"工作。儿时又喜画画，于是也常常画些无常、吸血鬼之类去吓唬别人，大致少年时的50年代就在关门谈鬼的潮流中混了过来。

到了青年时代，潮流时兴读鲁迅，在明白与不明白之间硬读。后来我才知道这位青年时代就十分崇拜的偶像竟与我有亲戚关系，我的外祖父与许广平是同一个爷爷所出，所以我的母亲称广平为姑母，这是后话。读鲁迅，起先是解烦、解闷才去读，以后是无聊才去读，有时也就专找些贴近青春逆反心理的章节去读。于是发现鲁迅也喜欢谈鬼而且连篇累牍，说得活泼、可爱、俏皮。死有份、活无常居然也是鲁迅的主角，草鞋、纸锭、算盘、芭蕉扇、高帽，也是绘声绘色、连篇累牍地谈来，眉飞而色舞。

　　于是又居然发现鲁迅会画鬼，画无常如此生猛，绘画如此出色，那技能多半在明清木版刻画出来。作家而会画画，而会画得惟妙惟肖，翻翻五四作家一群，能画到这么专业水准，鲁迅是少有的一个。"专治恶人的无常出现，令大家高兴"。于是又发现鲁迅的喜怒又很合我意，以后才知道这是先生的人文情结。我们这一代和鲁迅靠得最近，知道感恩，学会敬畏，儿时谈鬼的遗兴还会在我们身上闪过。待到六七十年代后，在"破除迷信""移风易俗"的连番扫荡下，下几代人在意识形态有意无意地忽略，人间除害的无常、厉鬼在他们的心里不再有一席之位，大伙都成了天不怕、地不怕的无神论者。而现在的各种恶人，包括打家劫舍、杀人放火者都是一批无神论武装头脑的唯"物"主义者，更加有恃无恐了。这也是先前的始作俑者的只知其一不知其二的失算，始料不及。

　　鲁迅喜爱美术，喜欢画画，而且十分专业。从他的书籍装帧设计、校徽设计乃至贺卡中的松树，北邙土偶图略，无常等鬼辈的勾勒中，你便可看到他的艺术天分，对美的造型把握能力及审美功力，也从中看到他的线条、用笔皆从书法中来，也可看到儿时或少年时的模仿力，对明清书籍中的绣像插画作过大量的临摹。这些信笔带过的毛笔勾勒节奏起伏，顿挫有致，随心所欲地拈来，我们谓之笔气，谓之气韵生动。熟练的勾勒可看到鲁迅的默写和造型能力已是非常漂亮。他对中国文人画的理解，对线——骨气的应用，对形神的演化，从画中我看到了他的高明。没有相当的文化理解、积厚，没有先天的艺术天分以及临摹、模仿的基本功力，很难画出如此形物。中国文人画从临摹而出，强调天分，强调文化修养，读万卷书，行万里路。古代，董其昌、陈继儒如此而成，元明四家、清四僧也如此翻版，所有成就大家的条件鲁迅都具备，可惜的是他的志向转于文学。

鲁迅很有现代平面设计理念，他对书籍与校徽的设计来得相当的单纯和朴素。《朝花夕拾十篇》《萧伯纳在上海》《珂勒惠支版画选集》很又带点传统书装中的洋气，居然还中西文字并用，在那时这是一种突破；而《两地书》又分明透出中国式的淡雅、简洁，生成一种变化。有时想想，旧时的作家也真多面手，有他相当一套对美的认识和审视，发现美、感受美、呼唤美本来就是作家最本质的精神，于是才有那书中的视野、胸怀、爱憎的文字，感于人而启于人。鲁迅对书籍装帧设计的偏爱，并且手痒痒地亲自动手，可以看到他的美的冲动。

鲁迅的书法独步天下，至今依然是风格鲜明，独树一帜，在书坛找不到第二个；他的艺术装帧设计新颖、朴素、淡雅而空灵；他的绘画仍可媲美于中国木版刻画的插图与绣像，造型能力有大家之风。有时，我就想象，只要鲁迅掌握宣纸的性能，墨分五彩的实践，因为他懂得笔墨之法，以他的实力来画国画，齐白石、傅抱石乃至李可染笔下的人物，不就是如北邙土偶中的造型相近相似么？鲁迅的思维从视觉、听觉、触觉等方面来评估，是个素质很全面而天分很高的人。

想到了鲁迅，忽然又想到私塾。

旧时的私塾被我们现代人全盘否定，丢进了垃圾堆。其实，私塾各国都有，西方的私塾后来发展为私立学校，其人文传统未变，且与公立学校互相兼容互补。而我们为了树立一种样板，就要否定或打倒其他，非黑即白，不革命则反革命。这种你死我活没有过渡、中和、妥协，从形式到内容统统丢弃，是我们近百年的通病。其实，鲁迅，包括"五四"后出现的如此完美的一代人物，乃至三千年历史的先贤，都从私塾来，这实在是私塾的魅力所在。

北京学者夏晓虹写了一本《晚清的魅力》，客观、理性，对历史存有一份温存与敬意。曾国藩、李鸿章、张之洞、俞曲园不说，其实，梁启超、章太炎、蔡元培、鲁迅、胡适、张元济、陈独秀等等一大批魅力四射的辛亥、五四人物都来自晚清，都来自私塾。这批经有清一代200多年的文化积累在天崩地裂之际，又历经西学颐养放荡而出的人物，以其成就、人格、学养、胸襟、气度，也是3000年中国历史难遇的一批人物，足可影响我国今后三五百年。他们是星空中之熠熠星座，照耀来者，用现存的教育制度复制，创造得了吗？只要不带偏见，说句不好听而自卑的话，现代教育走过了100年，鲁迅之后的下一辈已是等而下之，再就是20世纪50年代出现的一批人又比前稍逊一筹，到了我们"文革"这一代无书可读，被誉为最没文化的一代。我们，包括我们的下一代如何能望其项背？我们只有感叹，只有仰望！

我这种人物之间比较的"今不如昔"论，并不是要否定现代的教育，这是大势所趋，时代之应运。从私塾转型于现代教育乃是人类进程从低级到高级的转变，或叫文化转型、现代转型。但别国的转型就没有我们的天翻地覆来得残酷与铁血。我们否定过往割裂得太彻底，基本上都是用推倒重来的一种方式进行而称之为"革命"，太不尊重自己祖先所开创的或留下的智慧和积累了。

想起了鲁迅，想起了私塾，更想起了私塾的蒙童习字课。这一课程在现代基本从小学、中学、大学中取消。鲁迅一代的素质那么全面与品位高雅，在我想来大概或大抵从中国书法体验与感受中来。从小习字练习书法，所导引对人的心灵淡静、中正、平和的积极意义，我们至今还未从对人的心理、思维、形体方面的健康有所总结；对中国古代象形文字发展而来的书法所产生的文字之美对人的灵感及触动，并未好好作过研究；由象形文字连带浸润于孩童对审美、美术、绘画的好奇和想象，我们仍一知半解。

鲁迅有一大段时间在抄古碑，其实也在进行文字美学的研究，他的上乘书法、北大校徽、植物学标本封面所创造的"蜜蜂"（其实也是自创的象形文字），如此兴趣钻研，奇思妙想，如此有想象力和创造力，我想都与童年时习字有关。古人对书法课潜移默化的和谐教育乃是一种大智慧。蒙童习字1000多年直到晚清不改，乃是中国文化因此得以传播，得以扎根，得以顽强挺立，虽经久磨历练，仍能起死回生的一大功德。它是古人对个体素质和品格、性情给予中庸、完善乃至完美的塑造的首先洗礼。从这里开始，从心灵上、性灵上，审美素质上勾画了一个轮廓基础，进而入门跨入知识、经验和人生的大殿。日本的教育，现今仍如此重视书法习字课，足可以看到他们的智慧，而源头的我们却轻易丢弃。书法课所带出的想象力、创造力是我们所忽视的。至今，国人大多数审美缺失，毫无艺术感受、爱好、兴趣，由此而产生的原创能力的严重缺乏，远远落后于西方，其实是因为美育、艺术教育被严重忽略。

外界评价鲁迅为思想家、文学家，其实我看鲁迅更是艺术家。大伙把他对艺术的执着践行、探索、推广、创造大大地遗漏和忽略了。没有艺术的鲁迅，是没有创造力和想象力的鲁迅，更不会有他的思想和文学。

对鲁迅的艺术忽略，来自近百年中国的功利主义乃至急功近利。以为多快多省，以为纲举一定目张，做大做强。细节决定成败！一个通识与人文教育疏漏，一个美育、审美的缺失，大大地使中国教育走了一段大弯路。

对鲁迅的艺术忽略，也来自我们对艺术所孕育的想象力和创造力的原创意义的无知和失误。"齿轮和螺丝钉"，"学会数理化，走遍天下都不怕"是我们要求教育制度生产的品种，然而，懂得现存旧有知识，也只能作齿轮和螺丝钉。在当今全球化的语境中，我们甘于永远当世界的"机器"零件吗？没有原创性意义的发明与创造，又能如何？

鲁迅，乃至"五四"所产生的一大批人物，说到底乃是从思想上、各领域的学科上有原创意义的人物，我们至今不及也就不及在这里。他们的魅力来自通识、博学（余英时所说的士大夫学）；来自孔子所云的"六艺"气象，其中就包括了美育、体育；来自他们对西学的理解，又上承延续了唐宋以来中华文化传统生生不息从未断裂过的人文教育私塾的线。如此而已。

　　鲁迅这批人物去矣，留下来的我们这一代，已很难产生一批如此带有原创意义，全面发展而又人格美丽的人物。现在有学者称之为没有英雄的时代。最近，又有人提出"再造文明""文艺复兴"之类，我看再过百年也未可乐观。破坏容易创造难。从头收拾，希望这个曾经激进到发疯地步而又多灾多难的民族少犯些错误，甚至不犯大错，慢慢积累，将来，或许还有希望。

天降瑞气　光孝重光

——《中国佛教二千年书画集》跋

　　明生法师约我为书画集写跋，忽然想到一件往事。事缘起于1998年，广东省佛教协会会长云峰大师因六榕寺一匾"空谷回音"（此为大明憨山和尚所书，向为该寺宝物）"文革"中被无知们所砸毁，一直成为心事。一天，云峰大师着我去请岭南画派大师关山月补写此匾。关老已经高龄，近些年已谢绝许多应酬。电话打给关怡，说明来意，关怡征询父亲意见，山月大师爽快答应。又不久，关怡来电，告诉我关老已经写好，着我去取，并笑着悄悄告诉我，她奇怪于老人家少有的特别认真，此四字连写两幅，挑较好的一幅送"六榕"。关老的认真，我明白了老人家有一段抗战时极艰难的经历，有段在澳门普济禅寺安身的往事，这是大师对过往挥之不去的情怀。凡有寺庙求墨宝，他必答应，也因此而被假冒的骗过而不后悔。取字本来也不用劳动云峰大师，然而，云峰大师却坚持要带上茶叶果品上门拜谢，于是在我的人生视觉上，又亲睹两位大师的结缘，互相的珍重与敬慕，手拉手的亲切。

　　无独有偶，最近，岭南诗书画文采风流，最负盛名的中医大师梁剑波为其师高剑父在鼎湖山上再立"剑父护法亭"，称颂岭南画派祖师高剑父维护肇庆名刹庆云寺的历史往事。

　　20世纪20年代，各种主义满天飞，科学主义、功利主义甚嚣尘上，在江浙、广东及其他地方，掀起一场"毁佛风潮"。一些肤浅轻薄的极左知识分子与当地官府结合，打出"灭佛驱僧，用寺庙办学堂"的很"革命"的旗号，纷纷冲击寺庙，毁佛、拆庙，驱赶僧众。广东肇庆的无知地方小官也一窝蜂跟着凑热闹，庆云寺也在被捣毁之列而危在旦夕。剑父大师历向礼佛，又是革命元老，闻知庆云危难，为了护佛，他上书广东地方官李汉魂。好在李汉魂急忙打电话给肇庆，制止了庆云寺一大劫难。当地众僧为纪念此事，特为剑父大师"护佛"往事在山上建立一亭名曰"护法亭"。"文革"时此亭又一度被更激烈的"革命"捣毁。直到改革开放，政治开明，近期又由高师弟子梁剑波捐款再立，中国的人文传统可谓顽强。弘一大师20年代也在护法，大概是佛教界学人皆知的英勇。其实，此时高师也在挺身而出。更可贵的是，他并非寺庙本家僧人，也不是居士，而一直对佛教、佛学有着深深的崇敬与仰慕。在"新潮"革命风暴之中，他依然遗世独立，坚持着中国的人文精神传统，延伸着承传着2000多年中国文化人那种对人类灵性、德性、心性的大关切、大慈悲，挽狂澜于既倒。近读高剑父大师的《佛教革命刍议》，令人动容。他说："余生平尝从事革命事业，唯精神上所爱好者则在艺术，故仍以艺术为归趣。然宗教哲理之探讨人生真谛者，亦为余所憧憬，所向往，尤以佛理之博大精微为最景仰。盖吾人之生命，必须与宇宙相感应，宇宙之具有永久价值者，曰：真、善、美。'真'以养知，此科学家之最高理想，乃万物一体，是为至真；'美'以养情，此艺术家之最高境界，乃容小我于大我之中，最为至美；'善'以养意，此宗教家之最高精神，乃大慈大悲，大喜大舍，是为至善。今吾人欲人生之完满，人格之完备，必须向此三者不断进展，使个人生命与众生之生命及宇宙之精神融合为一！"一南一北两大师，弘一与剑父时穷节乃见，在中国文化危难之际表现出威武不屈与贫贱不移的高风亮节。什么是人文精神？这就是！岭南画派终成为广东文化的表征，有其因素，此一护佛成果，其实正是岭南画派主体核心具有中国文化的精神与光辉，决非偶然。

缘起广东画人的两件佛教结缘逸事，从关山月、梁剑波带出高剑父，他们是师徒关系，精神承传。其实，他们的源流应延伸得更长，广东历代文化人服膺佛学、憧憬禅宗一直有佳事相传。韩愈之于大颠和尚，苏东坡与佛印，弃官的澹归，海云寺削发的屈大均，大汕、黎简的禅画，苏仁山、苏六朋的画佛，以至近世康有为、苏曼殊的诗文，潘达微的虔诚，40年代广州国画研究会100多知名画人团体与"六榕"为本部等等。对佛学的真善美的向往，对普度众生大慈大悲的悲天悯人的仁爱情怀及无功利心的人本精神、牺牲精神；禅宗的"内在超越""打破执着""放下"等等的大智慧及思想解放，一直是中国几千年民族文化的珍贵传统瑰宝和精神遗产。这些传统血脉与精神的承传，使中华民族赖以维系，生生不息，诚是屹立于世界民族之林而不倒的内在力量和精神源泉，是民族生存的巨大凝聚力。回眸百年、千年，广东的知识分子及画人与佛教的往事，能不令后人心绪激动，心向往之？

近百年广东佛教界有两次大典礼。一是，20世纪40年代在广州虚云大师莅临六榕寺举行水陆法会，一连七天，四众弟子，十方善信逾10万人，盛况空前。寺内解行精舍摩坛前一株绯桃忽然著花，万众睹奇。二是，20世纪末1998年，在云峰大师、新成大师主持下，在佛教全体同仁的积极筹备下，光孝寺内举办纪念中国佛教2000年大典也是再一次盛况空前。当时，晴空万里，祥云飘荡，瑞气霭霭，人潮汹涌，有不少善众举头张望，发现佛光，我身在其中也为之称奇。这次庆典，更有新意。举凡广东健在的著名画家、书法家数百人，纷纷奉献作品于庆佛典礼，光孝寺也突破传统，在千年古刹大雄宝殿上陈列书画，精品生辉，琳琅满目，更使中国佛教2000年庆典有更重的人文气息和文化内涵。

几百名画家、书法家的作品在佛寺齐聚一堂，在广东历史、佛教史上实属破天荒，又一次体验了广东源远流长的人文血脉、承传精神。

此次，广东省佛教协会秘书长明生法师邀我写跋，为此中国佛教2000年庆典所展出之书画结集出版，以志纪念。我无能、无德、诚惶诚恐，可法师恳切为发扬佛教文化艺术交流传统的深切愿心，几百位书画家无功利心的辛勤以及他们敬佛礼佛的虔诚感动着我，执笔铺纸，延揽今古，颂我人文。我佛慈悲，护我众生，值开放改革20年祥和气象，惠赐安详、和平于这块土地和人民。阿弥陀佛。是为跋。

笔底藏神

——戴敦邦老师《日月山河颂》集序

到目前为止，替别人写序与跋的文章也不下几十篇了，唯独有两篇令我惶恐及不知天高地厚。一是在2000年，中国佛教2000年，广东省佛教界出版纪念书画集。书画展首开在禅宗六祖剃度的菩提树右侧的大雄宝殿里，省佛协主席云峰大师把画展破天荒摆进光孝寺正殿，让佛祖、菩萨、罗汉、信众、百姓共同参观，欣赏美术作品，把佛殿变成美术馆，大概是广东这块地方能率先为之的新风气。80岁的云峰大师铁定要我为这本大型画集作跋，而且不容商量，我，诚惶诚恐，心惊肉跳。结果真的熬出了一篇文章。我何德何能？至今还有些害怕。

第二篇就数这次为戴敦邦老师《日月山河颂》图文作序了。从青少年时起，我就一直崇拜、仰视敦邦老师。师尊的画，师尊的文，师尊的人格令我向往。2002年我与夫人到上海，程门立雪，拜在老师门下。老师的慈爱、谦和、博学，令小子至今想来仍会激动。敦邦老师的艺术是20世纪中叶及至今，中国人物画中的少数几座高峰之一，因为他的高度，令我敬畏。如今，敦邦老师让我为其作品写序，实唯让我出乎意外地吃惊与又一惶恐之至。为了不让敦邦老师爱惜晚辈之心失望，我硬着头皮战战兢兢为之。

几十年里我一直注意老师的画，研究老师的人物、山水、树石、飞禽、走兽，每次翻看其画其艺，总是感叹，总是叹息一声"服了"。我几乎找不出画内的一点破绽、一点遗憾和败笔。这些年来他的《水浒》《三国》《红楼》一套套下来，那唐诗、宋词的意境，特别是近期为《金瓶梅》所绘之珍品，令我眼球瞪大。敦邦老师其绘画出神入化，似有神助，这是我所归结戴氏艺术的解说。中国人物画的领域，在20世纪中叶至今50年，戴敦邦的艺术是一颗熠熠星座，他的星光照耀来者。保守估计，两百年后，他的艺术光辉依然夺目。

笔底藏"神"是我对戴敦邦老师的发现，如此现象也为中国文化所特有；远古的不说，从顾恺之、吴道子、李公麟，到黄公望、倪瓒，再到八大、石涛，都有个"神"化的过程与传说。吴道子为神，李公麟为圣，黄公望仙去，八大石涛的入佛入道皆有史迹可寻。看看他们的经历，都有种信仰在支撑着，其贴近于现世又距离于俗世，都居于云端之上，关切、注视着其生养之大地，以其大爱，止于至善。真心、真情地善待每一个生命，无论飞禽走兽、猫狗、牛羊。他们因此而化"神"，成"神"也是"神"在这里。所以留之永久！其实苏东坡早就阐明此理："吾上可陪玉皇大帝，下可陪卑田院乞儿。"何等的独立与神气，何等的大悲悯与大爱。天上的玉皇苏东坡可以作陪，何况地上的帝王、总统之类？苏子本身就是神是仙；地上最可怜的乞丐他可以爱，爱得天真烂漫，爱得至善至美。苏子的两句话表现出中国传统文化最伟大的精华。

戴敦邦以其国手的笔底，推出一系列的和谐自然册页，见其智慧，见其信仰，见其关切，见其忧虑，突显其人文情结。《日月山河》其画其文，包藏着艺术家的大爱、大悲悯、大慈悲！《日月山河》其画其文包藏着艺术家的伟大信仰、赤子之心！《日月山河》其画面包藏着力求变化、转型的因子，敦邦老师的艺术血液充满着青春的张力！

戴敦邦以其汩汩泉流之神思、良苦用心，以知识分子的良知和责任，留下他的反省与明智，"爱"尽在册中，"神"留于其上，存之于世，以热诚、爱心拥抱大地，拥抱每一个个体。

20世纪，哲学、思想、文化、艺术、流派、主义、思潮纷呈而五花八门，人类在这一世纪经历了大量的实验、践行，其悲欣交杂，成功失败一幕幕在我们眼前闪现。站在新世纪的门槛上，我们终于明白，无论其流派、主义、思潮如何诉求，其底座是止于至善的才能恒久！

用以上世界眼光来看待戴敦邦的艺术，我们才清楚他的"神"来之笔；他的大家本色、他的人格所生发之画面，文风之透于纸上的悲悯，都来自止于至善的底座，因此为"大"，为"神"。

笔底藏"神"。

其实笔底藏着的是"大爱"。

戴敦邦老师的艺术能恒久，也在这里。

此为序。

学画笔记

兴趣是第一位

少年就喜欢画画，那时阻力多。五六十年代社会上老一辈仍感到画画有如第九流，更是砸饭碗的事情。解放以前，广州一批三四十年代的画家，其穷困、其艰苦，后来从编《广州美术研究》杂志中，组织对老一辈画家的传记文章里了解到，他们常常是有上顿没下顿，学画的人少，无从教学，以画谋生的机会少，无从谋生，这真是"四体不勤，五谷不分"，不少画家靠典当古物，摹制古画，潦倒地支撑着，这种职业哪有我们现在尊称为艺术家这般幸福，是种人见人怕的专业。我的老祖母就很坚决地反对我画画，从各方面对我进行"制裁"，为了画画而买二分钱的画纸，有时竟要死皮赖脸地"战斗"整整一两个小时。当得到二分钱时，那蹦跳、那快活，真是无法形容。自然，一张小小的画纸正反都给我画满，以至不留空隙。

50年代极少有"少儿美术班"的招生，哪有今天的众多机会。我没有老师指点，只有在报上或在书店，在广告宣传橱窗上，别人家里挂的画上，伫立、注视，学习机会条件太少，阻碍越多，而越使自己"发烧"，兴趣更猛。中小学我的所有课本凡有空隙的位置都画满小人、山水、花草，当时老师们仍未觉悟到美学的重要，看到我的书画得一塌糊涂，竟也火了，当着全班抓"典型"，拿着我的书狠狠地批了一通。批是批了，我仍然偷偷地画，依然如故，越发不可收拾，没法子可想。三四十年过去了，回头想想，越感到事物的辩证法，少年时倘若我条件太好，比如绘画的兴趣没有压迫，我会越来越没那般浓烈，学画的条件太好，久而久之难以珍惜，爱好可能大减。即如现在的"小太阳""小皇帝"学画，条件太好，画着画着，便不大想画，家长三十六计全用上了，就是提不起兴趣，结果反过来要强迫他们，责罚他们，更糟，更不画了。学画兴趣是第一位的。

我是以速写起炉灶的。广州60年代有一批业余美术爱好者，大画速写，我也是其中之一，这种风气与那时号称广州美术学院的"四大天王"的伍启中、陈衍宁、张绍诚、招炽挺的影响有关。他们在美院毕业后，速写本不离身前身后，每到一处，就背回一捆速写，这是我们常听到的传闻。我的老师单柏钦，就是个速写大王，素描的、线条的、色彩的一本本看得你眼睛发怵。我的几位好友，现在较为知名的方唐、梁培龙、叶家斌等那时也照本宣科学着样。越画，随着本子的积累，越觉得一本比一本提高，特别是造形能力，越画，越感随心所欲。扎实的基础就是通过多动笔、多观察、多比较、多分析得来的。我们这批人，有个特点是老老实实，没有"天才"格局，没有想学"大师"的气派，老是认为自己不足，这大概也是业余美术作者的优点吧。

邵宇评论我的画！

70年代的第三年，市里办起了"工人美展"。那个年代，谁也没有抱当什么"家"的希望，而且怕当"家"。然而，我的癖好使我画了幅清洁女工修扎扫把的画，送了上去，取名《徒工》，碰碰运气而已。市里居然给展出了，我当然高兴极了。展览开幕不几天，我也往那里钻去。馆内，一位画友神色紧张地告

云上的老头

124

诉我："邵宇来看过展览,在你的画前说了几句。"说什么?却没有下文。老天爷!他是中国美术界的领导,著名的速写家,这真使我出了一身汗。是凶?是吉?使我不安了好几天。不久,《广州日报》以整版刊登了此次美展的几幅作品,我的《徒工》也被嵌了进去。这太突然了,先前梦里也未曾想过的呵!就像中了彩,弄得我把这张报纸翻来覆去地看了好几天。不久市负责业余美术的老师高兴地告诉我:"邵老称赞了你的作品。"真大吉大利也!这是我第一幅发表于报刊的画,第一次啊,使我至今也不会忘记。也由于这一次,促使我去叩这美术大门,从浓烈的戏剧爱好中转到美术方面来了。

第一套连环画

70年代的第四年,广东那时只有一个小刊物《广东儿童》,可以为之画点插图或连环画。我的第一个约稿者梁培龙正在那里当美编,他是一个经过自学而有相当成就的画家。有一天,他兴冲冲地拿着一本短篇连环画脚本《追车》找到我,这是他对我的信任。在我来说,我从未画过连环画,心里不踏实,却又很想画,这是个学习的好机会啊,于是接下了,心情是激动而又害怕的。读脚本,打构图,十多幅的一个短篇,草图足有二三百幅,那认真的劲儿,无疑像新官上任,卖力地去处理政事,所花的劳力之辛苦,不亚于把200斤蜂窝煤搬上十楼。用九牛二虎之力,使尽浑身解数,黑白面块形式的画面出现了,自我感觉良好。送到出版社几天以后,奉命去听意见,我瑟瑟缩缩诚惶诚恐地到编辑部去。意见一大堆,人人摇头。根据这些意见,再看自己的画,我不禁也摇起头来,这套《追车》,居然把小孩画成成人身材,把成人又画成了小孩模样,糟糕透顶,狼狈极了。真是!怎么会神差鬼使地弄成这等怪画!(日后经过读析名作,才发现,连环画的名作有其特殊性,要画好它,必须经过一个循序渐进的过程。)结果，我又咬紧牙关，重画了一次，已精疲力尽。作品虽然刊出来了，然而，竟吓得我有好几年没敢动笔去画这种难于上青天的画！

像在走着"Z"字形的路

1979年后，我又挂上了连环画的钩。我的第四、第五套作品是岭南美术出版社的《关汉卿》《侯白论马》，很得到现在的副总编辑洪斯文先生和当时的编辑室副主任苏华老师的赏识。那时，作品好在哪里，特点如何，自己却如坠五里雾中。不久，《连环画报》童介眉老师打来长途电话约稿，第一套便是《千里送京娘》，我一反《侯白论马》的表现手法，开始故意地拉长、缩窄、变瘦画中人物。稿子又打了回来，提了不少意见，修改不下于二三十幅，又像画《追车》那样，越看越觉得这套画不像"话"（画）。这便是我第一次往"Z"线走去，往斜线上走去了。这真砸了锅，令我悔恨了长久一段时间，但还没有灰心。当我接到第二套《周穆王时的"第四代"机器人》画稿时，我仿佛深沉起来了，我在踱步深思，很想画而又不敢画，仿佛如一句古语所说："弯弓搭箭，引而不发。"这种不发，其实正为了发，为了发得更准。那时的心情真像我小女儿出世的一刹那，夫人的撕心裂肺的呻吟声音，名曰"难产"。经个把月的时间，12幅作品才画好了，把稿急急地寄去。《画报》来了信："可以。以较大的篇幅刊登！"读完信后，我长长地透了口大气，如释重负。画画竟是如此辛劳而苦痛；然而又是这样的愉快欢乐；这样甘苦掺杂！然而在于我，却是苦事十有八九。《周穆王》的发表，自己认为是从"Z"字的斜线中拨回了正线。然而，第三套的《荆钗记》鬼迷迷地又在走"Z"字的斜线了。这是第二次退改，看到画稿题满了密密麻麻的意见，我直冒汗。然而，当我看到陈惠冠主编那蝇头小字，有些意见仿佛是一篇好的散文，一首好的诗句，连画中的情景意境也详细写在上面，这不能不令我极其感动呵，这是《画报》对一个远在南方的毛头小子的培养啊!心血,这就是前辈们的心血,太深刻的感动与联想,致使现在还如刀刻一样清晰。《荆钗记》并不理想,然而又带来了我的第二、第三次的深沉、迂回、沉思,决心又在狠画了,直到后来《画报》刊登较大篇幅的《荀巨伯》,我才又有了一段正路。在绘画的道路上,我仿佛像个醉汉,一步三摇,晃来荡去,有时摔了一跤,摔得鼻青脸肿,苦痛之余,爬了起来又晃荡荡地朝前走去。我想,人生、艺术道路也并不笔直,曲折些、迂回些或许对自己有更大的促进和鞭策,像事物发展的螺旋形阶梯一样,要想进展,必须敢于面对失败,敢于从错误中吸取教训,继续攀登。我常面向北方,默默感谢那些扶携我、培养我的辛劳的人们。

野味斋

有时,到野外去走走,一望那遍野的绿草,点缀着红橙紫黄,三尖八角,精灵古怪的我所不认识的小花,散发着一种特有的香味,自然的香味,令我心醉神怡。这大概是一种野味香吧!基于这种感觉,我把自己的卧室兼工作室也称为"野味斋"。我想,自学的人,总带着一种未经正规训练、学习,无人管理,胡来乱撞,乱生乱长的特征。这好比野外的花草,没经人工的培植、栽培一样。然而,我又感到,它虽生于野外,却有阳光的照射,雨露的哺育,狂风的抽打和迅雷的震撼,使它有温暖的湿润、有顽强的拼搏也有激烈的战斗,呼吸清新自然之空气,无拘无束、坚韧挺拔,这或许是"野"之优点吧。1964年,我投考美院附中而名落孙山,原因是多种的。那时年纪小,挺爱哭,为此而哭过几场。一种自卑感自发而生,漫长的社会经历使我逐渐地认识了自己,特别是对"野"的认识,它像一根救命木桩,使我从自卑的漩涡中挣扎过来。我想,艺术的大千世界是多姿多彩的,条条道路可通北京,而在这摸索奋斗中,重要的是你自己的特点和个性。正如广州的茶楼林立，竞争激烈，而全市唯一的"蛇王满"生意却历久不衰，驰名中外。艺术也如此，所以，取长补短独具特色仍是自学的要素，老是跟着别人学步、模仿，是没有出息的。自己分明是野外之物，却用盆栽或温室的培植方法来取代自己，又老是用盆栽温室花朵的尺度来衡量或装扮自己，那是很可悲的。所以，我毫不掩饰自己的过去，毫不讳言我从野外中来，不管世俗如何，白眼如何。"野"有什么可怕，它并不是旁门左道，自有其健康的自然之美。

关于临摹

古老的学画总以临摹入手，老师带进门就临老师的手稿，或摹些前人画作，前人画作不易得，也就只得专心临老师的了。然而，学生从零开始，学习专注，先入为主，往往是大树下连草也不长，不少学生学会了老师的一套看家本领，就很难再有创造。倘若老师是高手，"烂船还有三斤钉"，遇着个等而下之的人物，那可就越学越等而下之了。

天才如陈老莲者在庙宇里临壁画，越临摹越不像，倒是大笑而出。但学生者总极少有陈老莲的气质、格局，老老实实的属绝大多数。这种方法易于走入迷宫而不能钻出，因为他已先有固定的框架了，别人的框架了，一笔一画都是人家的，历代也一笔笔写在那里。我历来提倡少临摹，甚至不临摹，而对别人或大师的作品多看、多想，也是惟"先入为主"之理也。学画开首应"先我为主"，有了主脑，不易受人之马在脑袋里跑，自己先自跑马，无论在马上如何颠簸，如何从马背上摔下，如何摔得鼻青脸肿都是无碍的。失败乃成功之母，就看有无屡仆屡起的韧劲了。"先我为主"，最好是从速写入门，久之，可进入默写。因为一切的写生、速写都是凭自己的脑袋分析，眼睛观察，手上描画的。实物摆在那里，语言、符号、线条都由你来再创造，以你为

云上的老头

128

主，而一边学画，也定会一边学习先辈、同行，作分析比较(也即临摹过程，"看"也是临摹)，以他人营养增长自己，但这首先是自己。广州市少年宫多年前教学已采用无方法教育，任由孩子们去画，任由他们发挥，老师只作引导，也是此理。学画首先端正了自己，立了以自己为主的主调，日后才能谈到创造，否则用最大的功力打进去，很多人，绝大多数的人用最大的功力也打不出来，不是人人都可当李可染的。

关于默写

速写是入门，这是照本宣科之事，对着物体要画好它，画美它，找些《速写入门》《透视学》《素描基础》书籍看看，懂得大致基本原理就行，只要手勤眼快，头脑灵活，从静物、风景、人物这样循序渐进，多画就能画好。当然也要花功夫，但这是死的基本功。我特别强调自学要以速写为主，无非是它的节省时间的经济手段，半小时画一物体，三小时就六种，长年累月积累，更是颇为乐观。各种生物、实物都接触，造型能力就会相当强，把物体画像了，画美了，各种比例结构、透视、光影都相对地无懈可击，你就走完了这一步。而默写就不同，离开实体，凭想象画，就多少加进了自己再创造的成分了，这是走向今后再创造的第一步。默写是最重要的，这是关系你今后成为画家或是画匠的分界线。凭空去画当然难度更大，它是让你自己创造形象，画似每一种实体。比如画人，你能通过默写把你的各种动态，辗转反则都画正确了，符合透视比例了，那么，画其他物体就更容易掌握。速写要时间，而默写所用时间更多。当然有先后，速写基础稳固了，然后再进入默写，最好能默到随心所欲。

关于独立思考

学画第一步不是石膏、素描、形全、速写、默写，第一步应是独立思考。头脑就不断地问为什么，留下清醒（这当然不是叫你去怀疑一切）。譬如对美术上的一窝蜂，你就应有种独立思考的头脑，不要人云亦云。唐代古文大师韩愈教出来的学生都是一批大家，就是他的教学得法，选取学生，首先问"头脑"、问能否"独立思考"，所以有他的名句："随波逐流者不传，特立独行者传。"不传即不教，一开门，就严格筛选入学者。作文如此，学画也如此。韩老夫子第一步就强调"独立思考"，其实学画第一步何尝不是如此？美术强调个性，强调风格，强调道德品格，这是第一位的，没有独立思考的首要条件，任你花九牛二虎之力去教、去学，经九九八十一难，从老君炉中跳出来的仍然不是孙悟空。

美术界现在很多现象，东南西北风，刮来刮去，一会儿"魏斯"，一会儿"达达"，一会儿"布扎"，一会儿扔"避孕套"，你没有独立思考怎么行？特别是在中国，容易一窝蜂，动不动就一哄而上，人多势众，而又"英雄所见略同"，全都正儿八经地想到一块儿，你还在那里老老实实地学基本功，诱惑一多，怎么画法？所以我想，学画特别要强调这开首第一步。不为所动，自有见地。

中国艺术目前这种纷乱现象，如穷途末路论、传统否定论、前卫革命论，都是一种"极左思潮"。其根，就是觉得现在的中国艺术落后了，比不上西方了，归根到底是不够"革命"了，他们就要革！革！革！唉，又落入前人俗套，起码是落在康有为、陈独秀大呼"美术革命"的俗套之后。其实，中国艺术多谈"环境保护""生态平衡"比那个大谈了100年的"创新"要好，这是一条不重复的路。有了主脑，学画便不会走弯路，随风摆舞，人云亦云。

关于读书及其他

学画的人很多不注重读书，以为一味地死画，画多了，比别人好就万事大吉，殊不知绘画并不就是画得好这么简单。绘画是一个人的学问、修养的表现，一幅画的高低、清俗、好坏，全反映在画家的学问修养上。连环画大师贺友直有句名言："画画，画到一定的时候，就要比修养。"这就说明了读书的重要。著名画家林墉给我说过一件关于学画的故事。他就读美院附中的第一天开学礼，广东美协的领导黄新波老师讲了好些话，临末，就谈到要学生们多读书。坐下不少人又以为是官样文章，林墉就不同，他谨记着，每天都读，持之以恒。直到今天他回忆此事，仍感到这句话的分量。他感叹："此事令我终生受用。"特别是自学者，多是初中、高中文化水平。我想，要画好画，你必须在文化上达到大学程度，进而更高。文学，包括诗词、歌赋、史学、哲学都应是必修课，没有这方面的基础，是很难在绘画上提升一步的。不少人画画连中国美术史、中国文学史都未看过，怎知源流与经验？能够天天养成读书的习惯，日积月累，对每个人的气质、品格、学问，甚至是举止言谈都会受益匪浅，用于绘画表现上更会提升，这就是一幅画之所以有广度和深度的注脚。

至于其他爱好，也多些为好，比如戏剧，懂一些起承转合，舞台配置也是"韩信将兵，多多益善"的。甚至上台演剧、演戏对绘画更会有帮助，这是锻炼个人胆量、气质、表演能力的好机会。我就建议，画画人最好能接触戏剧，甚至登登台。健康的身体注重吸纳多种营养和维生素，绘画亦然。

"百图系列"后记

一、《中国一百帝王图》画余随想

据传,绘画帝王图始于西汉。现今流传的古帝王图是唐代阎立本所作。唐以后,集列朝各帝绘于一卷之上的大概未有过,留下来的南薰殿帝王像,只是各代画师干着摄影铺子的工作,且是秘藏内殿,不可示人。何以唐后,无人敢学阎立本哩?我想,大概是五代十国大乱纷起,画家们诚惶诚恐而无法顾及。到了宋、元、明、清,情况也甚为不妙。明朝戴进就以画红衣人物而几乎掉了脑袋。以后文字狱屡起,诸多忌讳,遑论画帝皇了。

现今,春在枝头,万物复苏,于是我也想做做古人曾经做过的绘画帝王的工作,于是花了七八个月的时间,一鼓作气,画了100个体态性格各异的孤家寡人来。

画这批帝王,在造型及用线方面,我力求避去明清的传统表现手法。我想,自元以后,中国的线描人物画便滋生了一种纤弱之气,我是极讨厌这种画风的。上溯汉唐风范,无论是砖刻还是帛画都体现出博大、奇雄、浑厚的进取精神。这也是我们中华民族的精神所在及应有的气质。基于这种思想,在《中国一百帝王图》的造型用线上,我冀图赋予这种精神与气质,特别是在一些杰出的帝王身上,用力颇多。

前人论及苏东坡"大江东去，浪淘尽千古风流人物"这首词时，认为只有用铁板、铜琶才能伴唱，画《中国一百帝王图》似也应有这样的气魄、气度才行。中国五千年的文明，造就无数英雄人物(包括不少帝王)，绘画这批叱咤风云的人物，没有相应的气魄与气度，是很难表现出他们共有的精神气质的。我用的是针笔，而且是0.2号，画出来的线几乎如头发丝一般，体现那种"大江东去"的气势，确乎困难。然而，这也是一对矛盾，无论笔粗笔细，只要气度在，恰到好处，矛盾也许不是不可以解决的。

二、《中国一百仕女图》遐想

耕耘于中国人物画的领地是何等艰难啊！奇不过石恪，怪不过贯休，倔不过老莲，功力不过李公麟、梁楷，传统之高峰座座矗在眼前，令人叹为观止；一面又是西方艺术风潮汹涌卷至，人物画大师群峰罗列，远者如伦勃朗、安格尔、列宾，近者如比亚兹莱、克里姆特、马蒂斯、毕加索。中西两面高峰矗立，就像走进了大峡谷，叫小子如何去堆垛、如何去开垦？当今的中国人物画，传统的多带老莲、伯年痕迹，新派的总又脱不了毕加索、马蒂斯影子，中间落墨的又落五六十年代的窠臼，因袭总纠缠着。难道几千年就让这些中西艺术的高峰占尽，现代人无从插足么？难啊！唉，难极也得画呀，谁叫你画人物，玩这劳什子。我想，纵令是棵小草，也应在那里随风摇曳，欢愉歌唱的，当小草又何妨？就这样，我便在大峡谷中开垦着自己的领地，居然动起土来，像儿时在沙滩上任意堆垛那样。这三年，从《百帝图》到《百女图》开始了我"玩泥沙"式的游戏，踏上了绘画中国传统人物画的漫长征程，百仙佛、百文人学士、百三教九流……一批批画下去，天晓得前面是歧路还是坦途？喜好中国传统文化而已，不然老早就被四面八方的大峡谷、大山头吓退了。

群峰之中我是特别欣赏李公麟的，他有着一种正常与健康的心态，他继承着唐朝人物画，于吴道子之后，沿着祖宗的正路又攀上一个更高的峰峦。他以后，由于历史、社会、民族等等各种原因，反倒让陈老莲先生占了位置，影响过后的400年。而民间，李公麟的画依然流传下去，像门神、永乐宫壁画之类，仍保持着他的精神与风貌，大概平民老百姓对他的艺术感到亲切与从中得到鼓舞之故。不管一些不肖的后代人为此抬出了"南北宗"，抬出了"雅与俗"这些极不科学的审美标准，来贬低中国固有的正常化艺术，而李公麟的画始终闪烁着光辉。我在这里呼唤李公麟，正是基于他的这种真正的中国气派、风尚和民族精神。久违了，唐宋艺术；久违了，我们中华民族博大、奇雄、坚忍、挺拔、无丝毫奴性和衰弱感的美。这是我们民族固有的精神，是先贤文天祥所说的浩然之气。在《百女图》中，我紧紧地抓住这种精神实质，无天地之正气便无画中生命，这是我对总体美感的把握，力避明清人物画的衰弱感与奴性，"用铁线游丝描"的坚韧线条组织艺术结构的骨骼，用"行云流水描"的昂扬节奏去自由舒展，用快速的直线立足于革新的现代。我的人物画就是从这里起步的。

中国的艺术是线的王国，对中国人物画的革新更应以线为主导、为起步，这是中国艺术之根本。总体美感的把握做成了人物造型的进步，而线的改变，就得依靠速度与节奏。毛笔的使用相应地加重了革新的困难，在这里，针笔之应用，我敢斗胆说是一种突破，线的速度与节奏完全可以在《百女图》看到这种探求，用工具界出的排线，更赋予线以现代感。针笔虽没毛笔那般传统，然而终归是线，中国之线！工具是不可顽固留恋的，这和用柴灶或是用煤气、电炉，同样炒得出中国菜，道理一样显浅简单。绘画工具的截然改变导致一系列表现手法的革新，构图和点、线、面的创新，这种变革是自然而然的，就和坐摇橹的船和乘轮船彼此心境不同一样。因心境的改变，随之使自己感觉到踏进了一片前人仍未开垦过的处女地，到处可耕作、有收成。创作的灵感涌现也较快，《百女图》中多幅自己还满意的构思草图，都是一气呵成、一箭中"的"的。

大概美丽总是愁人的吧，看看这100个仕女，没多少不是愁人的，大多数下场都是挺悲凉的。唉，我在绘画中国历代妇女的悲剧史，心里也陡增凄然之感。鲁迅先生翻译的日本厨川白村先生的《苦闷的象征》，就谈到两种力的冲突，谈到人间之苦、谈到悲剧美，这是很重要的美学思想。《百女图》的总体基调体现着伤感、苍凉，然而，全面地堕进愁云惨雾，悲悲戚戚里去，又会使自己变成三流的蹩脚编导，艺术创作形而上学的东西还少么?这是一难。画这批大都是沉鱼落雁、闭月羞花之容的仕女，要画得美，并不如想象中那么容易，漂亮的脸蛋并不等于美，把《百女图》变成时装杂志是最糟糕透顶的事儿了。人物的内心活动、心理状态及其特殊环境呈现的特殊性格表现，常常使我进退维谷，欲行不前，甚至叫苦连天。唉，画人物画数这最难了，画头部常常把纸张擦得狼藉不堪，甚至乌烟瘴气，不可收拾。多种的难，使画这100位小姐太太们的成功与失败的酸甜苦辣互相渗透成了四川的"怪味豆"。我真正尝到艺术创造的艰辛。唉，搞艺术的人并不如当今我们一些小说写画家那么浪漫与潇洒，抒情得令人羡慕，使自己看了也足以美几天。

画画难呵!画人物画更难，难出效果、难有收成，到老了，颤巍巍地不知如何能画下去，许许多多的老先生改道就为此。写到这里，自己倒觉得像在作"诉苦报告"，思不到多少甜，苦却忆了一大堆，不禁自笑。就这里打住吧!希望读者诸君看《百女图》时不要像我似的尝出苦味来。

三、《中国一百神仙图》后记

几乎又是画了两个年头，越画，各式人物的不同堆积，越感到其难度，每幅都想有点新意，有点不同于前，难度也就越大。越艰难也就越羡慕时下的玩文学，玩诗歌，一些同行的"画画有如玩耍，玩玩而已"的轻松与超脱。对比自己，背着一种生怕重复和重负，如千斤压着，玩得了吗?命中注定干我这行当有如入炼狱，受苦受难，心绪的沉重与创造的苦闷，怎样也"玩"不起来，轻松不得的。孕育其实就是一种痛苦，相当痛苦的事儿。

《百女图》完成后，1988年初绿星兄的《一百神仙小传》又摆在案头，整整七八个月的孕育，两次不同形式的尝试，都失败了，两次各各几十幅画的推倒重来，苦恼至极。那时构思的干枯，绘画语言贫乏，表现的苍白无力，大有江郎才尽，再也画不下去的感觉;加之自身疾病的连番光顾，日夜折磨，三头两天地跑医院，令我惶惶不可终日，祸不单行，其言真也，情感双向地跌进人生的低谷。

七八个月地咬着牙，顽强地坚持画下去，又宣告了顽强对于艺术的无济于事。无论怎样地绞尽脑汁，冥思苦想，无论怎样地搬弄十八般武艺，使尽浑身解数，包括杀手锏，回马枪，拖刀计，一概无用，大概是自个儿"唯毅力论"的破产，我也不知为什么，总之是一加一不等于二。

这样到了1988年底，突然从"闪电娘娘"以及"赤松子"两幅画中，找寻到突破口，有如在八卦迷魂阵中找到了出处，才有了真正的起步。大概被"电"了一下的缘故，触动了神经末梢，艺术思维的小舟就像从两岸狭隘的峭壁山崖下，劈波斩浪呼啸而前，一下滑出大海，其势有如坐"过山车"，一发而不可收，我也不知为什么，好像是一加一又等于二，似乎又带几分神秘性?我不知道。

观历代人物画大家，其大成功者，总在于突破了人体的外形轮廓线，超越了这条神秘线便达彼岸。千姿百态的人体，无论怎样角度变化，万变不离其宗，规范了的骨骼、肌肉结构固死了外形轮廓，即使用衣服一盖，也不离结构尺寸、比例。倘若背离了些微的结构规律，比如驼背，头上长疮，残疾，就成畸形，外形便不成其美了。然而，贯休以怪古状勾勒人物造型，陈老莲对人物外轮廓意料不到的出奇张扬，都造成了人物形体突破性的变化，走出了外轮廓。比亚兹莱、克里姆特又以装饰的块面及衣服的转折对人物外轮廓形成故意的压迫，制造了一种前所未有的对人物固定框架的脱离，又冲破了这道防线加上又对人体外轮廓作适度的反弹、减削，所谓"差之毫厘，谬之千里"，这种毫厘之差的反弹与削减，使他挣脱了千古不易的界限。罗丹的遗嘱早就让我们注意这条线了，他的"从起伏去想"。其实就叫我们从这里突破。然而，突破、创造谈何容易，一加一等于二，一加一又不等于二啊。

《百帝》《百女》《广东一百名人图谱》(香港版)的300人物，我只是在人物外轮廓上游弋，作适度的夸张，开画《百神》时，已感到先前的表现已近于绝路，一出手又是重复过去，真是鬼迷心窍，老在过往那些人物的外形里转不出来，七八个月内画得愁眉苦脸、咬牙切齿、捶胸顿足、不能自已。唉！其实症结就在于外轮廓线的突破。艺术思潮在不断地变化、观念在不断刷新，一个艺术家老是出卖自己十年不变的货色，我是感到脸红的。岁月流逝，思想感情也在起变化，而艺术却一成不变，只能说明自己没有进步。退一步说，思想感情的必然变化与艺术的滞后，显露了艺术家已不带情感绘画，只是圆熟、规范的机械生产而已。这是一个艺术家艺术生命生与死的挣扎，痛苦的挣扎。爬出来，从自己制造的"囚牢"爬出来，通过11个月的挣扎，我才爬出困境，身上已脱了一层"皮"，于是又是一个100图，绘画起来自由多了。

及至100幅画完，又细翻阅，私自捡出10幅，劈去重画。宋欧阳修晚年专心致意地修改自己的作品，夫人唠叨他的老认真，他反严肃地说："怕后生笑我。"这句话少年时读来一直埋于心间，后生可畏，与欧阳修先生总有同感，自个儿不满意的先自割掉，免得将来后悔。画《百神》，自己先后割了三次，拿"刀"的手是颤抖的，三四天才画上一幅，一割便五六十幅，都是呕出的"心血"，长出的"骨肉"，哪有不痛苦的？人生多苦，于是长叹！翻翻神仙们的小传，其实也不快乐轻松，多也是经历千磨百劫，九九八十一难过来的，两相对比，自个儿不过是小仙、小巫而已，割了两割就在那里叫苦连天，难叫你自己去割？唉！真没出息。

四、《一百僧佛图》后记

父亲告诉我，四月十四日吕祖诞，我投胎进入人世，出生地就靠近六榕寺，此寺因苏东坡手植六棵榕树而得名，至今仍留下"一塔有碑留博士，六榕无树记东坡"的佳句；婴孩时，外公外婆便抱着我，特地去拜会他们的朋友六榕寺主持虚云和尚，请他为我在释迦座下摩顶祝福。据说经得道高僧摩顶的小孩，日后当会无灾无难充满福气。虚云那时已有百岁，真个童颜鹤发。近因画《百佛图》而翻看百科全书"宗教卷"，里面就有虚云的介绍和相片，他曾当过中国几个有名的大寺如五台山、云泉、六榕寺的主持；八国联军进京，他还随慈禧的出逃队伍前往西安；解放后荣膺中国佛教协会名誉主席，名气相当大。头顶确切由虚云大师摩过，这是我人生第一次与宗教的接触，摩顶有些像基督教的洗礼，然而，我亲近的是佛教。

经此一摸，我便从此与佛教结下不解之缘，坎坷的经历也从此开始。懂事后的20多年，一直就在这号称广州四大丛林之一的华林寺所辖的街道地段生活工作，天天见着佛像，天天见到寺庙。这里旧时称西来初地，因达摩和尚第一次东渡的上岸点而得名，所以寺庙与香火千年来一直不绝。儿时，就在菩萨们的注视下嬉戏、玩耍、捉迷藏；及至长大，便在那三宝大佛下教职工们高唱"大海航行靠舵手"；在十八罗汉的大殿下参加生产劳动；（1965年在极左思潮汹涌下，寺庙开始被当地街道挤占为生产场所。）在面目狰狞的怒目金刚脚下敲着绑子宣传演唱破除迷信的文艺节目；直到"文化大革命"，这里的五百罗汉堂及其他寺庙经一夜浩劫，被全数捣毁。事后，我还画了一组宣传毁佛像的伟大胜利的幻灯片，并居然自编自演地走上街头大肆宣传，起劲与狂热出自我的无知与愚昧，以及惯性的"紧跟"。回忆也许是痛苦的。然而，在那疯魔的岁月，人们都像失去了理智中了邪；狂热、鼓噪近乎发烧到极点，在错误的口号煽动下，一切显得理直气壮与顺理成章。很难想象，一个晚上、一伙人、一窝蜂自发地一拥而上，几个小时便捣毁这里数座积累了几百年的寺庙，特别是那全国仅存几座的五百罗汉堂，倾刻间灰飞烟灭，满目残骸。20多年过去，当年情景仍依然历历在目.那时我刚从乡间学习归来，人们告诉我，昨晚斗倒主持、赶跑和尚，烧掉佛像，轰轰烈烈。回来一看那华林寺前大街，团团浓烟，熊熊大火，就像经历过残酷恶斗的战场，到处摆着一堆堆横七竖八的木雕罗汉。偶像坐着，躺着，扑倒，仰卧，在阳光下，外表的金箔闪着惨淡的寒光，火吞噬着他们。由于佛像统一用高级的檀香木雕成，大火卷起的是缕缕香烟，满街满巷香气袭人，香闻十里；满街满巷的菩萨罗汉狼藉堆着，黄澄澄的布满一大片，场面之宏大，情景之悲壮，可歌可泣，广州建城以来历史所未有过。真可谓"史无前例"。

无独有偶，近读弘一大师传，又发现本世纪20年代毁佛事件也在江浙出现。那时一些"革命知识分子"提出"灭佛驱僧办学堂"，高论一出，当地官府衙门继而响应，发出公告。这样，就迫着李叔同到处奔走护佛，他强调："凡毁灭佛法的暴君——古时只有权力才可以灭门九族，——没有一个能活十年，实质上，毁灭一种宗教，等于毁灭人类中一部分人的崇高灵性，在这儿，为中国人的德性与文化的光辉。"唉，反思也是痛苦的，近百年的中国历史，都要毁掉旧世界，仿佛捣毁砸烂旧有的传统文化，毁掉旧有的一切，中国就会万事大吉，新世界马上出现。"文化大革命"使百年来的极左思潮推到了极端。物极必反，今天人们又清醒于过往，历史反过来嘲弄惩罚着逝去的疯狂与狂热，一个荒唐而愚蠢的年代。

30岁后，进了市文艺创作研究所，恰好，隔壁就是道教圣地"三元古宫"。此宫因葛洪、鲍姑而得名，其香火鼎盛乃广州之冠，也如六榕寺一样，此地乃道教中心。在这里一干到现在又是10年，大概今生今世与神与佛与寺庙道观结下不解之缘，生命的奇特有时令自个儿感到古怪。40岁后，居然画起《百仙图》《百佛图》，又是神神佛佛。清末有任熊兄弟表现此类题材留世，便一直再没有人去重新架构了，屈指一数也有百年空白，90年代恰好由我填补。继承也罢，弘扬也罢，中国的佛教与道教正代表中国传统文化的一部分，用一个现代人的头脑、眼光及表现手法去重新绘画这类古老而又新鲜的命题，也应是现代人的责任。至于绘事与任熊兄弟相较如何，那可是另外一回事儿，只问耕耘而不问收获是我的初衷。

从《百帝图》《百女图》《百仙图》《百佛图》，足足趴在台上画来画去有八个年头，天天午睡后不敢偷懒，正襟危坐，埋头执笔，几多寂寞又几多无奈。画这类普及的线描画古有先例，如改琦、上官周、费晓楼、任熊、任薰之流，很难成就大器便是明摆在那里的，如今我又走了这些先辈们的老路，分明鬼迷心窍而不可救药。唉，我也是个注定难成大器之人，没法子可想。

《百女图》表现形式自问比《百帝图》深入，于深挖中造极，到了《百仙图》此类形式也到了江郎才尽的顶点，于是乎又得另觅新路。结果，《百仙图》的创作在痛苦中寻找到突破，——在中国传统的青铜、秦汉、北魏等花纹、器纹，图案纹样中架构人物，人物的表现完全图案化而不失灵性，此次《百佛图》又使我创造一种线描形式——真正的双钩。这种线描前无古人，我称之为十九描，它的优点是更能抽象地表现物体，能较随意，较自由地描绘，由此而生发出一种意想不到的空灵感及朦胧美。我庆幸我的百图系列每一本都一张张分出归属，而不是千篇一律地重复；我庆幸而立之年便步入开放改革的岁月，使我得到外来的吸收和养分，懂得创造与个性；我也庆幸现今仍是出书难的关口，却仍有不少人买我的书。《百帝》《百女》国内出到第二、第四版，台湾有三家出版社偷版印制，偷版当然不雅，我也受损，然而，又反证读者不少，很有市场，这却是我愿闻和高兴的事儿。感谢每位正在读我的后记的读者，愿我的人物得到你的喜爱，愿帝、女、仙、佛与你同在，阿弥陀佛！

五、《一百儒士图》后记

百字系列的500图，《百帝》《百女》《百仙》《百佛》《百儒》500幅画，从1982年开始酝酿、构思，动工，至1992年7月完成，整整10年。从昔日的年青气盛，心雄万里，到今天的两鬓生白，怀抱疾病，其间多少酸甜苦辣难以向外人道。

经历艰苦步步血汗

画画，画到今天，著作不下十多本，每本都历经艰难困苦，可谓步步血汗。倒眼往回看，心里却无丝毫的成就感，也无丝毫的奋进心。近读康有为、章太炎的传记，此等大儒，可谓学富五车、成就非凡的人物，然而，到了晚景，却一头栽进"佛学"的世界里，投进"禅"的怀抱中去，个中"境界"，足令小子久久回味。书读多了，年纪渐进，经历渐多，对世事也越来越深刻，一深刻，倒没有飘然之感、自负之气，自知是个不成气候的人物，也就没有故作大师的摆款，现自我膨胀的丑态，小巫而已，岂有他哉。

作《百儒图》期间，又读到董其昌的《画禅室随笔》，谈到"刻画细瑾如禅定之积劫方成菩萨"，谈到"李昭道一派精工之极，顾其术亦近苦矣，谓之行年五十，方知此派殊不可习。"对董其昌南北宗论，吾辈于过往总有偏见，以为对清画的颓败有其责任。然而，读其《随笔》，董老夫子却有不少精彩妙语、画评，令我大有同感，无切肤之痛不能得其体贴与共鸣。十多二十年的精雕细刻弄得我心力交瘁，疲乏之极，加之老病交身，更觉负累重重，年纪40多也知此派殊不可习矣。于是大悟，于是不再刻画细瑾，于是看化，于是随便。《百儒图》首改毛笔勾勒，读者该会看到这种转弯的过程，看到作者步步营垒又步步求放，步步积习又步步生疏；苦恼与洒脱混杂，细瑾与放达胶膝，认真与随意纠缠。欲说还休，一团乱麻难理，一派糊涂混沌。大凡艺术，有苦恼、有矛盾，必有突破，我也不知自己是进步了还是退步了，反正，心境已不追逐进退，心绪反归于平静、超然，《百图》系列也不再追逐下去。

画余读书独爱东坡

近些年，倒是常常为读书而乐，60年代开始读书，读到90年代，一直读出"瘾"，读出乐来。即如林语堂的《苏东坡传》几乎成了我的床头书，书已读过三遍，也将再读下去，奇怪的是读此书从来没有厌烦感，常读常乐，大概又是我太爱苏东坡的缘故了，苏老夫子影响我实在太深。于是乎，修业以他为师，人生以他为典范，处事以他为楷模，真想当个"小东坡"。于是乎在绘画上，艺术风潮上，不时倒像苏东坡，总不肯低头俯就，人云亦云。对一窝蜂的"八五思潮""八六群体"，那种以全副身心精力不惜一切地投进商品画中去的竞争狂潮，乃至高、大、全、红、光、亮，我总报以绝不投契的冷淡。艺术刮"风"绝不是好事，东南西北风，天天风来风去，画家成了"风向标"更为难堪。倘若加上盲目与低素质，愈刮愈会天昏地黑，一无所有。近百年的教训难道还少？

东坡的诗文、绘画，总以平淡自如、天真烂漫为主体思想、美学原则的。于是乎一种超然、高逸的心境与画为寄、与画为乐，便是董其昌的引伸与发挥，随心境而不为造物役，也正是中国文人画的精神所在，这是董老夫子所说的主体意识。我想，"不为造物役"其实也包含着不为"名""利""艺术自身""精神自身"所役，年纪渐大，越感到以上画论的分量，画画越多，越感到"心境"的重要，好在明白得早而不至于走火入魔。

画《百儒图》旨在反思

《百儒图》中，有很多是我所崇敬的对象，中华民族屡仆屡起，不屈不挠也就是这许许多多的优秀人物的精神支柱支撑着。"五四"以来，对儒家全面挞伐，有其合理的因素，然而，翻翻这一大批历代的中坚人物，其气节、情操、事业，有多少不是我们所崇敬、所向往的呢？他们的优秀品质与风范，长期积淀形成了中华民族的优秀传统与精神——民族灵魂，挖掉了他们，就等于挖掉了中国人的根。两千多年走过来，全是儒家天下，奈何？对儒家的反思与批判诚然是一种革故鼎新之举，然而，近百年历史也说明，这种批判倒容易走极端，"文革"极左思潮的登峰造极，全面彻底否定儒家以及民族传统的狂潮泛滥，形成了整个民族素质、道德、精神的大滑坡，不正好留给我们对过往"革命"批判的反思么？

花开花落去留无意

即如绘画，有人就老想"刮风下雨""搞运动"，好像运动就是一切，我看这也是"文革"心态在作怪。老是刮风下雨，怎么适宜百花生长？老是运动来运动去，总得有个喘息、透气的时候，画家变成运动员，不如转业，况且运动员也是静态多于动态，老是发烧(发炎)，激动，这个人怎么活？事物的辩证法倒是如此。什么"思潮运动论""穷途末日论""延续形、开拓形论"(大概此论也像评比先进、落后)，唯恐绘画"不革命"，都是一批极左的东西。少点激进、激烈、躁动，无论是"左"是"右"，多些理智、中庸，倒是安身立命、颐养天年、不断壮大之本。吾辈历世事沧桑几十年，于绘画辗转反侧，摸爬滚打，所谓"路漫漫其修远兮，吾将上下而求索"，到头来仍感"心境"对绘画的极重要性。不为造物役，求绘画养我修养，求绘画养我人品，艺术无他，端正自己，力求清纯。文章之末，就让我写上我所心仪的明代洪应明的名句作为结尾吧："宠辱不惊，闲看庭前花开花落；去留无意，漫随天外云卷云舒。"啊，这其实说到底也是"不为造物所役"。

关于广州艺术博物院的构想

　　广州艺术博物院的展馆设置及分布应以内容丰富，及小型多样为主。为了嘉奖艺术大师及大收藏家对国家的无偿贡献，也为了吸纳更多的艺术珍宝，各展馆应当以个人命名，作长期展示、陈列。而个人馆亦可以较为灵活的展览方式，不断更新展览内容。顾及、表彰、赏掖后进或内外交流，各馆独立操作而不至于长期绝对摆放单一作品变成枯燥无味。以这样的思路设想，个人馆不宜过大，展线300平方米或更小一点为宜，包括个人的艺术生平轨迹及艺术贡献的长期陈列。

　　个人馆内可独立设专人管理，编制为8～10人(或像香港中文大学文物馆这样的编制、管理及发挥之作用)，设正副馆长各1人，对内外推广、宣传、策划3～5人，内务、总务1人，收藏保管1人，经济1人(创办个人艺术基金会)。广州艺术博物院与个人馆之关系应承认其相对独立活动、操作，划拨包括经费(活动经费、收藏经费自筹或基金经费)，馆内除300平方米展线外，分别有活动场地(会议室、会客室)及办公室。

　　建议设立如下个人展馆：

　　1.关山月艺术馆(国画大师)；

　　2.黎雄才艺术馆(国画大师)；

　　3.赵少昂艺术馆(国画大师)；

4. 赖少其艺术馆(国画、版画大师);

5. 廖冰兄艺术馆(漫画大师);

6. 黄新波艺术馆(木刻大师);

7. 欧初收藏艺术珍品馆(收藏家);

8. 赵泰来收藏艺术珍品馆(收藏家)。

其中各个人馆在设计及大小上应具个性及有所分别、各具特色。

广州艺术博物院陈列应该涵盖广东近百年艺术史,以展示广州、广东的文化品格及地位,如广东是近代中国油画发源地之一,与上海同步,也应得到体现。

建议设如下近代艺术历史馆:

9. 广东近现代油画馆(展线300平方米);

10. 广东近现代国画馆(其中居巢、居廉,高剑父、陈树人、高奇峰、广东国画研究会,可分设3个专室;展线400平方米)。

两个近现代馆建设包括现代一些广东著名国画家、油画家。以上数馆可以6～8人管理。

11. 广州美术馆藏历代书画精品馆(广州美术馆自1957年朱光市长倡办以来,收藏为全国美术博物馆之前列。历年由于展览设备,条件不足,很少向市民开放,这些国宝是市民财产,理应共享;展线400平方米)。

由陈列部10人管理。

12. 临时陈列馆(此馆可为1000～1500平方米,可作预留收藏馆,平常可展示国内外著名画家作品,举办大型临时或国际性展览,以利广州与国内外众城市之艺术交流)。

由临展部5～6人管理。

总括以上个人与团体之艺术馆共12个,基本已构成星状设计,大概占7000平方米左右。以上为收藏之馆。

建议设教学馆(普及馆)1个,用作对民众进行美术、美育教育。此馆适宜于用通俗文化手段展示，可用腊像馆形式表现。馆可分两部分(中国美术史及外国美术史，以中国为主体)。腊像馆可从石器时代的彩陶开始→青铜器→兵马俑→魏晋南北朝时期→唐洞窟、敦煌壁画→宋元时期→明清时期→近现代时期，把历代的美术大师，及民间画工包括陶瓷制作等列入展示过程；外国部分基本可从文艺复兴及至印象派，现代派到康定斯基、毕加索为止。经过全展线让市民有一个中外美术史的了解过程，国民教育中的德智体美，美育为重要的教育功能部分不可缺失(设置10人管理)。

为统一对藏品管理，中心应建立藏品库，收藏艺术品；藏品库包括欣赏室、临摹室、消毒室、修复室（化学，装裱）、国画、油画，其他画种及陶瓷、雕塑、玉、铜等等的收藏室。资料电脑储存室、幻灯片储室、办公室，以利开展各项工作。其功能应包括防火、防盗、恒温湿、防虫等相应之现代化没备(各馆配套)(10人管理)。

广州艺术博物院功能在研究及人才培训方面应设下列机构、设施。

1．小型研讨会场、报告厅。兼及幻灯、电视、电影等功能，300人左右的座位，作艺术讲座、报告、教育之用。

2．资料、信息、出版中心，划出空间贮存国内外美术资料、信息。出版各类艺术书籍、杂志、报纸、音像资料，加强宣传及推出研究成果。估计15～20人组成。

3．美术图书馆，力求收集古今中外的有关美术书籍，发挥图书馆功能，对外开放，其功能为阅览、收存、研究、推广，6人管理。

为加强对广州美术、艺术的研究，培养新一代艺术人才，也为了普及、提高整个广州市市民的美术美学素质，理应划出一两个美术教育的培训、教学基地。初步设想成立2个研究所。

(1)广州美术研究所。此所以史论研究为主，计划编制为5～6人，教务为2人，设所长1人，其任务为研究广东——广州美术史论，对古、近、现代画家研究，出版研究论文、刊物、辅导、培训，向各地业余作者或群众举办讲座，负担教学任务，半天教学，半天研究，设美术学校，进行普及。作为广州美术理论人才培训基地。特别对博物馆会员及义工进行培训。

(2)广州中国画研究所。中国画为我国独立于其他民族的画种，北京上海均有研究机构设立，意想此作为研究机构，又吸收画家兼理论家参与，也作为培训广州艺术人才基地。所研究员要求半天研究、绘画，半天教学。研究人员在10人之间，教务人员为3人，分别教学及管理。经济相对独立，设所长1人。两所可在艺术中心划出1000平方米，所内设有教室3～4个、会议厅、小接待室、画室(对外接待用)、办公室及研究员、画家个人工作室(15平方米左右1间)，初步形成广州市艺术的人才教育培训与研究机制，伸展其作用。

艺术博物院还应该扩大其肩负全民美育职能，兼顾高层文化及通俗文化、推广及组织一系列活动，建议成立高层文化的艺术家俱乐部及艺术博物馆之友两个活动机构，划出1000平方米或2000平方米为活动基地，其中包括一系列的俱乐部功能，比如：

*画室

*小型团友展览室

*小型咖啡室

*舞厅

*卡啦OK室

*游泳池（小）

*健身室（小）

*桌球室（小）

艺术家俱乐部进行封闭式管理，而"中心之友"实行开放性管理，吸收各种协会团体、工矿、街道、农村城镇等各种业余爱好者，作日常性的艺术活动，比如群众性的插花、陶艺、收藏、摄影、绘画、书法等活动。作为会员及义工的活动基本用地。

为了加强对外国友好城市及外省的艺术交流，艺术博物院应设置相应的交流基地，建议设立艺术交流会馆、设置对外交流部、设立接待国内外人员的公共关系部、对外交流组织推广部，特别加强对世界的接触。交流馆可用500平方米用地，分有交流多功能室、10间小型高档套房、会议室、办公室、小型饭厅或餐厅，作为广州市对外艺术交流的基地。做好接待省外著名画家及外国艺术家之用。

巴黎罗浮宫在吸纳市民流行文化方面的馆内设置值得学习、借鉴。建立精品商场，承认商品的艺术地位，也为参观市民的购物方便提供场地而有此大胆设想，广州艺术博物院是广州市一级艺术博物馆，在吸纳流行文化中，建议辟出一区，设置20间画廊，售卖艺术品，书店1间或多间，4～5间具艺术品味的时装商场，摄影之友商店1间，花店1间。

罗浮宫中设置高档时装表演场地3个。由于广州大都市目前时装表演场地极不正规，要推动流行文化向艺术方面发展，建议在中心内辟出500平方米作为时装表演场。以艺术推动广州市民时装流行趋向。以上设想、编制及管理人员也待研究。

整个艺术中心的配套设施，还应包括为其功能服务的多方面，这个庞大的艺术中心估计参观时间需一天，成千上万的人群前来参观带来一系列的服务配套，建议成立：

（1）快餐店容纳300人左右

（2）小型咖啡店、酒吧3～4间

（3）西餐店50～100人左右

（4）小食、小歇点

（5）厕所

（6）多个电话亭

（7）贵宾接待室

（8）高档餐厅（小型200人）、中西式餐厅（展览完毕之接待）

（9）保安、花工住宿、居住地

（10）清洁工人休息室

（11）停车场

（12）商业、场馆地段管理办公室

（13）中心馆办公室

（14）馆长、副馆长办公室

（15）秘书室

（16）电脑室

（17）售票室

（18）展览开幕式大型场地(400平方米)

（19）展览开幕式小型场地

（20）展览开幕式服务小组、包括宴会设计师，设立展览服务部
(办公地)。

吸纳人才的房子问题应有配套，建议在馆后划出部分地点作
居住用地，方便管理工作。如若不够，市政府能否划出用地盖吸
纳艺术人才的配套房子，这是吸纳人才几十年经验的首要条件。
或市政府拨出专款，购买带分期付款的楼宇按揭。今后的房屋配
套建设也只限于人才(研究生、研究员)吸纳，中心不应负担一般
员工的房子福利。如果一般的清洁工人、职员、保安，也作"大
锅饭"的分房配套，偌大的艺术中心就会背上庞大无比之巨型包
袱，永世不得翻身。建议今后艺术中心在福利工资上应比厂矿、
城镇人员工资、奖金多1倍以上，其余应由社会保险、保障处理。

1．物业管理(办公室)，其属董事会下之机构，负责全中心的
经济开支，支撑中心经济运作(包括会计部门)

（1）物业管理部

(2)商业餐业管理部

2．发展部(开拓)及基金会，统属于经济部门(艺术品拍卖)

3．活动及场地管理办公室

(1)保安(电脑监控)

(2)司机部

(3)接待服务部

(4)电话机务室

(5)通讯、邮寄

(6)杂工室

(7)电工室

(8)木工、修理室、电梯维修

关于各馆装修设汁：

A．中心之馆与馆之间相连，但应各具特色，建造时切忌做成"办公室"式死板排列，而应各馆之门口形状不同，材质、用料、设计不同，个人馆其个人之个性应有所突出。

B．各馆展览之陈列应更现代，各馆保持不同陈列效果，灯光设计、版面及墙柜设计都有所分别，过道、空间、上下、左右不要馆馆一个模式，有些馆可以楼上楼下相连，展线有些也可用圆型过道或环型、曲线型组织或园林、庭园效果。

C．注意以中国艺术特别是中国传统风格的岭南文化为主体特色，但又要防止呆板的照搬，要创造新的中国式的现代设计装修、装饰，中体西用或古体今用，力避全面西化，而丢失自己民族之精华及主体。我就很欣赏台湾新的园林艺术家创造一种新的有中国风格的现代范本，整体格局是中国式的，只可意会，而具体上有非常现代而从未见过结合得天衣无缝，十分耐看。设计人员最好各自征求各馆主、大师的意见，体会他们的意图以及其绘画风格及个性、性格，抓好特点。其他各馆则依此类推。我个人在建筑设计上倾向于吸收包浩斯(德国魏玛)，而又有岭南本体风格。

以上构想及功能安排只能是一般之轮廓，各部应日后完善细致深化，特别是经济部门，如物业管理、基金发展，更是新的课题，员工的现代化管理也是一个新的认识，艺术中心缺乏这方面的人才，仍希今后一部分人进修学习或重新吸纳。

总的构想主要从整个美术博物馆的各种功能，比如，收藏研究、陈列、展示来考虑，余下各种配套及相应之设施，缺一不可。科学地配套与管理仍将是中心建设的两大问题。以上也是3年来上美术馆工作后，经过一年对艺术中心的筹划，听取省、市、局、文物处领导和专家的一些设想及意见归纳而构思的，实为最初步之草稿，如今写出作抛砖引玉之用，望各方领导、专家学者多给意见，不断完善这座日后中南地区最具影响，最为著名、最为宏大的艺术博物宫殿，造福于子孙万代。

补遗

此文于1993年5月写成，在孔子文庙向广州市各博物馆馆长及文博专家征询意见，得到以麦英豪为首的文博专家肯定，此期间莫伯治建筑师正在为博物馆构思设计。到了1994年末，广州市市长黎子流拍板为广州艺术博物院立项。1995年8月26日，高祀仁、黄伟宁、邬梦兆、陈开枝、伍亮、朱小丹、姚蓉宾、戴治国等广州市委、市政府领导人的第一铲泥土堆在奠基石上，奏响了一曲广州社会主义精神文明建设的宏亮乐曲。黎子流市长为博物院花了大量心血，于1995年又分别一封封地亲笔写信给香港的郑裕彤、李兆基、李嘉诚、何鸿燊四位企业巨子，请他们支持广州的文化建设。四巨富一一响应，他们热心祖国的文化建设，给广州市民投下了2800万元巨资，其品位及义举值得当世赞颂，后世景仰。建议划出"历代绘画精品馆"、"当代雕塑馆"、"近现代油画馆"、"近现代国画馆"等四馆，分别以他们个人名字命名，立石或立像于馆内以作纪念，以作表彰。

从1987年至1992年，赖少其大师两次提出建立羊城艺术博物馆建议开始，1992年底欧初同志、林墉主席、陈玉环副局长、苏桂芬处长来美术馆，我们设想建立岭南艺术珍宝馆之事越谈宏图越大，大家都很兴奋，市文化局卢子辉书记、严宪奇局长十分重视，马上向市里汇报。朱小丹、姚蓉宾两位市领导也异常激动、大力赞成珍宝馆的尽快建立，两人亲自推动就划地扩地多次商讨，姚市长还主动拨出市长经费10万元，作博物院前期设计运作。这时黎子流市长等各级领导已着手筹划建立广州市解放后第二间大型博物馆，蓝图开始铺展。1993年在市政协会议上，笔者关于"加快建设岭南艺术珍宝馆(又名广州艺术博览中心)的提案"得到广州市政协邬梦兆主席的支持、推动，卢子辉书记并让我在市政协委员与市各领导见面的机会中重提旧话，在坐的市委书记高祀仁、伍亮副市长十分重视。在这期间，北京全国人大传来消息，关山月艺术馆将由深圳建立。全国人大会议结束，黎子流市长回穗。他一下飞机就急不可待地请戴治国副市长为岭南艺术珍宝馆易地选址，他感到珍宝馆的初期选地窄小伸展不开，要求扩展、增大。好消息接踵而来，在市政府办公会议上，伍亮副市长作出选地指示。于是我及我馆党支部书记孟大昭等跟着卢子辉书记、严宪奇局长、陈玉环副局长、苏桂芬处长在整个广州里外地跑，两天内选中象岗山对面的山头，那里正对着中国大酒店。于是，广州市领导人陈开枝、伍亮、姚蓉宾以及下属的市计委、财政、文化、园林、规划、国土各局人员马上视察，其间文化局长曾石龙接手"艺博"领导，催促初期工程设计，市政协提案办组织了以姚蓉宾、戴治国副市长、老同志吴南生、欧初等以及各局负责人、书画界知名人士来我馆召开"艺博"座谈会，推立项上马于高潮。几上几下的市府会议，最后由伍亮副市长最终拍定，选址在麓湖口外，占地1.7万平方米，初步投资1.28亿元，立项终于完成！市建委欧广权主任，市委宣传部崔瑞驹、杨苗青副部长，陈纪萱秘书长，侨办副主任周凯文，文教办叶建刚、张敬珠，市计委的吴映珠副主任，市财局的邵汝才副局长，市规划局的施红平副局长，市园林局的吴劲章副局长，都为立项推波助澜，花去他们不少的心血与努力。博物院主体建筑立面模型由朱小丹、伍亮拍板定局，莫拍治方案中的。广州艺术博物院从梦想到筹划，拍板立项，到筹建，得到了上上下下各级部门，各式人等的帮助与支持，这些名单长长的一串串，我们将永远记着。1996年6月挖土机、推土机声隆隆，麓湖工地员工干劲一片火热，土地正在平整，打桩将要开始。我于1993年5月写成这篇构想文章，已历3年。一幕幕回忆又从脑海中涌现，于是记下来龙去脉，行进经过，以作历史记录。

标举士气

关注元四家

中国山水画的历史，我特别重视宋、元之间的分野期。宋的成熟、丰满，像一只快被宰割的肥美的猪，像李成与范宽，你站在他们的画前感受那种登峰造极，只有感叹的份儿。宋的山水画家一致张扬的是山川整体的美，突显一种歌颂的快活，对于自然美的直抒胸臆的呐喊，直接袒露着对美的关注与铺陈，相当精致。宋的画家大概生活得肥美、青翠、安逸而悠闲，总缺少元画那种精神性的独立，人格的张扬。

天崩地裂，给元代的文人带来一种国破家亡的痛苦，传统士大夫的优越感给十儒九丐刺激得满世界的悲愤。各种画家之间的个人不幸，使元代山水画与宋画划出了截然不同的创作态度和倾向，即我们最现代的说法"价值取向"。元代的山水画家把山水画画成了自己，提升出一种独立人格的精神，标举一种士大夫气，这是元画基因影响以后中国画走向的必然。黄公望、倪瓒、王蒙、吴镇所说所画，把艺术抬上了独立而不依附的高度，把艺术上升为中国文化精神力量的高度，中国的山水画才有了在诸多画种中的至尊高度与地位。

明清两朝文化人，都以元画为马首是瞻。他们的眼睛都仰望着元画，特别是董其昌之说，风行巷间，重视着画家与作品之间的人格。所谓文化的最后成果为人格，成为艺术评论的尺度，千古不易。明四家、清四僧都从元画来，甚至近代我们施以大批判的"四王"，也从元画来，可知元画的魅力。固然，元画之美在它的震撼性，而元四家个人人格美才是历代文化人所向往的理想之岸。榜样的力量是无穷的，信焉，更重要的是信仰的力量是伟大的。关注元画可以提升你的胸襟气度。

从站在巨人的肩上攀登的科学观点看，我更关注历代画人都从元画入手，为模范、为师尊的历史。我们现代人为什么不攀元画这座高峰？为什么总攀那些现代众多无源无流没有高度的小山坡、小土堆？明代不用说，清代的四僧南京金陵八家都从元四家来，你就足以多问几个为什么了。

古人的艺术创造就像游山玩水

近代，引入西方素描、透视、色彩以及一系列的从小稿到大稿的创作方法，使中国文化人直觉新鲜、刺激，近百年更成专业化、学院化之时尚。方便、实用、百分之百的不出错，科学得不能再科学正确得不能再正确。然而，一窝蜂的时尚潮流所制造出来的规范性产品，使国人的艺术依然雷同化千人一面，甚至更僵化更死板。于是用西方的色彩、素描、透视改造中国艺术的理论过不了100年，实践检验真理，事实上都证明此论破产。对于西风东渐的种种过激行动，近百年中国人因疯狂而智力下降，近于走火入魔，正是不争的历史事实，"文革"就是典型的例证。现在，无论画什么画，稿越打越细或越打越大，文人们基本在那里无感情也无激情地机械性操作，大稿小稿已规范死你的先入为主的思维，奈何？现在的美术大展，画越大、越细、越繁复，越得到喝彩，好像不是在评价艺术，而是评审"劳动模范"。技艺制作性超过了独立性、创造性、灵感性、自由性，这无疑使评审的取向走向绝路。

古人不打稿，不先想构图，心意之所到，随感情的起落而起落。倪瓒的"逸笔草草，聊写胸中逸气"，就是古人艺术创作的典范。感情先着，不计成败，注重每一下笔的愉悦、清爽，重视于每一过程，结果是次要的。这种无功利和专注于精神性创作的态度其实比西方绘画的印象派、野兽派、毕加索之类不知已先走了多少步。即从马可·波罗起，我们的倪瓒先生已提出了"重视过程、不重视结果"的最现代的艺术与人生的方法与经验，这是中国人无尚的大智慧。然而，到了现代，我们却丢掉了倪瓒，崇尚那些一知半解的"大师"，历史的古怪、荒谬也不知从何说起。

我的山水画正是依元画一路。意态忽忽，莫知吾心中有竹，更是胸无成竹，一切从石或树开始，整幅画就是一次又一次的思考过程，画过一堆山，又思考在什么地方种些树，树种了，应该再生些石，或屋，或桥，或人，慢慢思考着生成，或种植，或垒起。整个创作过程就像一次游历和观赏，身心处于愉快、创造、变化的过程之中。譬如种上了树，这里可铺上山石，山石中有一小溪，拾级而上，在亭子间休闲半时，又种上树、画上石与草，再到山顶，最后望着远山。中国山水画应该这样画，这是中国最有智慧的画法，最无拘无束的自由，最惬意的身心畅快的游山玩水式的创造。我称之为"环保"式的创作。这种过程是最重要的，结果是无足轻重的，表现是最重要的，结果所产生出的众人见仁见智的感受对画家本人是无关本意的，不用重视的。无功利的创作态度其实是艺术创造的真元，没有世俗的污染，没有荣誉、地位、金钱双刃剑的砍斫，才能使艺术返回本源。倘若说画家当要吃饭，需要金钱，需要致富发财，都很在理，然而，都与艺术无关。黄公望以卖卜为生，倪瓒颠沛流离，就是标有润格的板桥郑先生，也只是在穷得不得已时对"画蚊"的恶作剧。艺术上无功利的创作态度，总是我心向往之的理想与践行。

关注程式化

西方的油画重视程式化,中国山水画更重视程式化,古人的每一种程式都是千锤百炼的智慧结晶,一切把古人程式都丢掉另起炉灶是种无智的愚蠢。山、石、树木、流水、船舶、屋宇、亭台,各种丰富的程式可以看到古人的各种改革与创造。有延续性才可谈创造性。清初四王与清末民初一段历史,就因社会的各种因素,譬如清初文字狱迫成的朴学、考证潮流与清末民初动乱频繁及西方艺术时髦摩登期所处的停滞及反抗时尚,都令绘画出现与社会相适应的"活法"。那个时代程式化堵塞在死胡同里,依古人样而画葫芦,时代的因素决定精神。曾国藩说,"国运与文章相关连",矛盾制约着艺术的发展,你想变化也由不得你,大势所趋。对程式化的改造在20世纪末,画人们才又从东西方文化及社会历程的百年反思中,理出了头绪,才可谈到对中国山水画程式化变革的一些举措来。一部分有志突破与改革的画人在研究古代艺术智慧中,才又创造了一些新的程式。艺术变化是绝对的,一切都在水到渠成之中。翻翻近百年山水画史,你可以找出一系列答案。然而,这很难说我们比古人进步、先进,只是笔墨随时代而已。试想现代人与"五四"那一代人比较,他们的人格美,足令我们这一代仰望与惭愧,就是明证。

程式其实是符号,画家个人的绘画表现的个性化的品牌。一个时代有一个时代的变化与品牌,时代造就符号,大势催迫时代产生品牌。我们刚又进入一个创造新品牌的时代大势之中,需要好自为之。

我很希望画山水画的同行都来研究程式化,古今中外在乎手中,历史更替了乎胸臆,思想变革知其兴亡。培养一种新的士大夫气,孟子谓之大丈夫,一种现代的大丈夫。所谓处天下之正道,立天下之正位,行天下之大道。立人格之美丽,画也独立于其间。

云上的老头

158

关于我的山水画

我的画冲虚清淡，特别重视黄公望所言的"士"墨。黄公望用墨特别解释他的"士"墨的来头，说他用墨中往往以藤黄浑染，避免浓墨的极端，减少"火"气。他称以墨加藤黄绘纸为"士墨"，仍是"中庸"哲学思想所指导。士墨，士人之墨，士大夫之墨，君子之墨也。连用墨也带君子士大夫之气度，可以想象黄公望的高格调。"文革"期间我国的绘画大红大黑大紫，在色墨上基本没有过渡色彩，也从中找到当其时所谓"革命不是请客吃饭"的时尚。我用墨必加赭石，色墨下去还感到"火"气，必用清水再冲淡一次。所有色墨线都冲一次，连树叶每片都用清水冲，那模糊效果，是我喜欢的墨色。人，经历了大起大落、热烈狂放、发烧、发炎、爆炸后，年岁增长了，便喜欢冲淡、平和，思想变化使然。

我的山水画喜欢用工整的圆点，大概此种意韵从奥地利的克里姆特那里来。克里姆特的人物、风景，多用大大小小的圆点来衬托或表现一种朦胧，斑驳感跃然纸上，这很适合我追求的现代味道。我的山水画有各种各样大小工整的圆点。代表青苔、树叶，甚至什么也不代表，只是节奏。圆点中都用清水染一次，让它有幻化的感觉。因为工整，便使山水画带一种中国的装饰风，更与历代各号画家的苔点或乱头粗服、或精雕细刻或狂放不羁有了区别。理性的、工整的、有节奏的圆点再加清水一冲，别有一番滋味在心头。

云的点染也先加清水，在干与未干之间用淡墨勾线，水与墨化出来有种"崧化"的感觉，不失装饰味道。中国的山水画自宋以后，就很少带装饰风味的表现了，隋、唐的山水像游春图，敦煌壁画、李思训父子的画都带有装饰味，如此大概是从晋人或五代中来。宋以后，则为实景，注重写生及真实。元代黄公望、王蒙又返璞归真，山水带装饰风，至清渐江的画都保持着或多或少的装饰风味。及至现代透视、素描的出现，基本上把中国画的装饰风格排除于艺坛之外。我的画有意让晋唐之浪漫的装饰风回归山水画之中，我对黄公望、王蒙、渐江等几位大师情有独钟、五体投地，吸收、引入他们的意韵。因为这是一条古典主义浪漫装饰风格从晋代的顾恺之一直延伸至清代的渐江的不断的线，这种画法，使我完全有别于我的上一辈。老一辈的山水画家们，我尊敬他们，但也必须区别于他们，不然真是来人间白走一趟。

我的用笔，多取硬毛长锋。长期习惯用"山马"及韧硬的毛笔，大概从岭南画派的传统用笔中就一直代代相传。香港更有以赵少昂笔为品牌的"山马"毛笔，锋长，毛硬直，一笔下去凌厉而出现飞白，十分好用。我近期用的笔大多比"山马"的锋还长，用中锋去勾出山石的线，然后把笔的色墨在布上吸去些许，之后在已勾的石头空白处，侧锋一笔横削而下，石的皱纹与质感就表现出来。用水再一冲，于是就起变化，一块有立面的三维石头就在画上出现。这大概用笔上叫"顿"，用侧锋去"擦"罢了。长兼硬的毛笔容易辗转反侧，按提顿错，纸上留下的干湿浓淡十分明显、醒目。

归纳我的山水画，可称之为新古典主义，也正是我标榜的画家人格上的新的士大夫气。人，应该有种精神，摆在我面前的一等一的古代绘画大师，都有一种士大夫气的大丈夫人格。在俗世中独立、傲岸、清虚、豁达、通脱，于仁爱中，以正大光明而给世人以温暖。那种先天下之忧而忧的博爱精神，那种有所为有所不为，那种为往圣继绝学，为万世开太平的宽阔及牺牲精神，都是我敬仰的士大夫人格。知识分子应当为社会的文明与进步作出自己的努力，标举士气是我们这个物欲时代必有的清醒。总是相信，人格美丽所熏陶创造的艺术也总美丽，种瓜是得瓜的，人也是平凡的，在平凡中有所信仰与理想，总又是我所追求与心向往之。苏东坡、黄公望、倪瓒、渐江在曲折艰辛中都有一种人生理想与信仰的向往，想到这批人的所举所动所表现出来的星点光芒，我感动着而泪流满面。对于现在满天下的"大师"我心感烦厌，什么是大师，世人还不明白，大师者，星空中之熠熠星座，三五百年出现一二，照耀人间。平凡如我，仰望着星空，让"星"的光芒披我身上，让心灵得到丝丝温润和暖意。此愿足矣。

重回巨匠肩膀

中国画于近百年内，总处于被否定、被批判的地位。清末民初被示为封建余孽，以不科学目之；20世纪50年代，整体俄化，取消中国画学科；"文革"年代破旧立新批黑画，传统中国画大多被没收并销毁；80年代，"穷途末路"论；90年代"笔墨等于零"，也即色彩等于零，线条等于零，一切都虚无得很。要变革，要创造，怎么没出息的老是要与祖宗过不去，总要非破旧才立新？不破旧就不能立新吗？西方的艺术传统的血脉从未断过，他们珍视着承传，宽容于古人，不用整体反传统，批判祖宗，创新却不断。而且这种创造都有传统血脉可承，能找到它发展的轨迹和不断的线，这是西方的智慧。他们的基点是站在"大师的肩膀上"攀登，从一代接一代的大师肩上爬上去，推动着艺术的发展与创造，刷新未来。我们正相反，一个个古代大师被否定，到了我们已经没有一个大师的肩上可站，见着的都是些小土堆、小山坡，我不知道这是愚蠢还是故意。这百年来，我们自己及老一辈张狂人物、极端人物出得不少，产生一批又一批蚍蜉式的口出大言大话的"英雄"，撼孔孟，批古人，闹翻案，把中国几千年历史包括艺术史翻转搞弄得透底而一塌糊涂。百年捣弄，特别是"文革"，中国文化、艺术、学术几乎陷于灭顶之灾。看看20世纪这个世界性的极端年代，身处极端思潮、极端动乱这样的恶劣环境，我们连中国的文化自信也失却（失却自信等于失却自己根部，连泥土也抓不住），还谈什么生长、发育？重要的是我们明白了，自己去反省去改正。开放改革后，艺术才有一个正常的环境，才得重见元四家、明四家、清四僧，巨匠的艺术重又给"把古人踩在脚下"的我们一辈带来震撼与吃惊的感觉。我们看到与古人的心性、心智离得那么远，翘首张望这座座高峰，带给我们一种触目惊心难以为继的痛苦，现在是古人把我们踩在脚下！捣弄了几十年，现在才终于明白，尴尬的我们又重新关注于母体，重新回到传统文化的怀抱里，接上那断了又断的线。

朱学勤的《1998，自由主义言说》很对应我的思考："从空间上说，他们（指西方）面对的历史过程是一个顺向自然的演化的过程，而我们却处于一个已经被逆向处理过后非自然过程再反拨过来的处境。打一个言不尽意的比喻，他们是站在那样一个厨房里，只须说明'鱼是怎样熬成汤的'即可，而我们则站在这样一个厨房里，先要'把一锅已经做坏了的汤还原为鱼'，然后再说其他。把汤还原为鱼，当然比把鱼做成汤困难十倍。"西方的艺术自然演进，他们的厨房也正在自然地做着各种鱼汤，而我们近百年的艺术激进主义越演越烈，汤已经做坏摆在那里，要接续自然演化过程，把坏汤变为鱼，无疑也是困难十倍。而且国人更多的还没有明白醒悟过来，明白那自然而然的艺术演化，明白中国的艺术发展规律是不以人的意志（激进说、改造说、创造说，乃至搞群众性运动）为转移的。上广州美术馆九年，面对我馆上万件古代收藏，我得到不时观赏学习古代精品的机会，因而又明白于古代艺术家他们老画一爿茅屋，一人独坐，空山鸟语，清泉石上的寂静与淡然，在俗世中寻找安宁的向往，对物欲保持距离的高妙。他们此时此地的情怀、心结，是对人生、对社会的感应，寻觅升华，凝结成传统的人文精神。艺术不单是卖得好价钱那么简单。这几年我也正在做着把"坏汤还原为鱼"的厨房作业，接回以往丢失的人文传统，重新爬回古典大师脚下，再不去跟着一批一知半解的极端主义前辈去爬那些小山峰小土坡。能不能有站在大师肩膀上的幸运，已不是我辈之想（先天不足，后天不良）。不过终于醒悟，已经明白，不再盲目地上当受骗。接续回中国文化的浩瀚传统之江流，才能延伸向大海。我更希望国人同行明白现今的美术也是一锅做坏了的汤，重新站回大师的肩膀上攀登，不单是美术大师，还有文化学术上的大师，重新接续那自然演化的过程，我们才能够有价值的高度，人文的高度。

山水画中，我特别喜欢黄公望、倪瓒、王蒙、弘仁。他们清疏、洁淡、注重性灵，强调心灵自由。他们是抒发性灵的大师，在他们的艺术中，我们才又真正看到他们的心性、心智，理解人与天地同化，自然而然，以求人格独立完善的精神高度，他们创造了适于表现人生情结和谐的艺术形象。可惜，在极端的意识形态下，我们上一辈简单面对，形而上学地审视东西方艺术，只知其一不知其二，否定中国文人画最根本的实质——人文精神。于是我们才有与他们的艺术精神、智慧、人格距离越拉越远的感觉，我们与巨匠们的心灵无法对应沟通、理解、共鸣。丧失了与古人心性相和谐的认知，丧失了古人的长期艺术经验和积累的高度以及对人生叩问，丧失了终极关怀的艺术精神大智慧。站在大师的肩膀上攀登并不止在技术性、技巧性上做表面功夫，更重要的是学术高度、智慧高度以及心性、心智所形成的人格精神高度。

1985年画《百儒图》时乱翻书，翻到董其昌的《画禅室随笔》，越读越有同感。我与600年前的"封建余孽"有如此共鸣与厮磨，心绪也是怪怪的。董夫子言及"不为造物役"，我就慢慢体验理解，越理解越有滋味。处于现世汹涌澎湃的商品大潮中，艺术等于商品正成理直气壮，很多同行的终极只有一个目标——"卖得好价钱"。卖画当然理直气壮，然而，谁卖得多，谁卖得高，谁的艺术就有价值而流芳百世，以卖画多少论输赢的极端思潮就很形而上学。一切为商的怪理论结成诱惑，几乎使学界与非学界中人都把持不住。其实这些年我们只片面地宣传商品画、画廊制度、拍卖行的行情，对于国外国家博物馆、美术馆这些收藏机构有别于商品化动作的报道太少。进入国家博物馆、美术馆的画家与进入画廊的画家的相互档次、等级区分的宣传太少，甚至等于零。结果是对艺术又一次误导，以为钱就是一切。

　　董其昌的"不为造物役"是文人画的精粹。他早就告诉我们，画家发达不发达与艺术的高度无关。重要的是艺术家的精神不要为名、利所奴役，包括对艺术及自身精神等等的役使。对得失、利害、荣辱、穷富、进退保持一种距离，有距离才美，这是我的理解。有了以上"不为"，就有与古人的心性、心智相对应、相对话的可能。不然，继承中国画的人文精神，或要达到巨匠肩膀的高度，根本不可能。这是物以类聚，人以群分。只有达到某一层次才有某一层次的对话与朋友。只有与巨匠们的"不为"同行，才能与他们艺术上的"有为"比肩，这是辩证法。

　　17世纪意大利的画家萨尔瓦多·洛萨有句相当出名的话："我画画不是为了使自己富足，而是为满足自己，我必定乘兴方才动笔。"满足自己，其实是心灵的自由与平衡。把绘画变成谋生手段与历代的画工、画匠有何区别？在市场经济的物化下，艺术家无论在西方和东方，都是精神贵族的产物，概莫能外。

　　自娱、自适、消闲、养性，把绘画变为心灵的平衡调节剂或怡兴寄情的安乐椅，是这几年我画画的哲学思考。

　　受董其昌"不为造物役"影响，我近几年的一批画根本不起草稿，不构图，画到哪里算到哪里，慢慢地边画、边思考。回过头看看古人，也是不起小稿不打草图。中国艺术传统有别于西方艺术的所谓不科学，其实妙绝也在这里。古人强调"成竹在胸"已立自信，规划已在腹中，边画边想，其实是一次心灵漫游。没有事先规范、计划，被草图、构图框死，人自由多了，恰如步进庭园，每一转步都有新的景致与兴致，即如登山，坐看枫林，徐步山间，歇于凉亭，闲庭信步于野草花丛之中，抬头看瀑布、飞鸟，怎一个赏心悦目时刻，这是重视每一笔的绘画过程，而不重视结果的最现代创作态度，悠然得很。西方艺术是打好构图（现在我们的草图越画越细），已经有了结果，再在框子里漫步，在规范中规死自己，绘画容易流向机械式操作，绘画过程变为心性束缚，只是技术性的把握与伸展。他们或许有他们的道理，其实，能成功的也是跳出框框的人，像印象派，像凡·高、马蒂斯。中国文人画"不为物役"其实是不为"物"（包括对自己）的奴役与束缚，这其中包含个人的心灵自由的释放，自身的艺术当然也不为修束，对于草图、构图之类的束缚与文人画精神不合必摒弃之，这正是中国美术的高明之处。性灵之说就在这里，以上大概是我自己的一些所悟。

　　画到今天，对于新旧、进退、利害、得失，已日渐淡化。五十而知天命，生命也逐渐步入这个过程，人体的各"机器"、"零件"开始也慢慢地老化、衰退，医生对我说："50岁后心脑血管已经开始堵塞，要吃药了。"俗世中，我们多快好省，力争上游，追逐什么哩？生命难道就"追逐"两字么？佛教有偈语曰"放下"，形容人的一生，像挑着两个箩筐在赶路，什么好处、好东西都往箩筐里放，结果越挑越重，只有放下，既为他人也为自己，人生的路程肩上减了负，才可能多少走远一些，比别人多觉悟一些。天下哪有什么好东西总会放到你的箩筐里？

家族回望

外祖父的爷爷——许应铼

偶尔翻书，看到一句俏皮话："所谓理想主义，即是让自己生活得最不理想的那种主义。"对照许应铼，这句话也真是传神般的入骨入肉。许应铼是我的外祖父(许崇年)的爷爷。因为这种关系，对他的追寻成了我的兴趣。这位晚清咸丰时代的浙江署理巡抚，对于现代人来说，已经没什么知名度了。若说此人是许广平的爷爷，反倒让现代人有种探究的欲望。因为有应铼才有广平，因为有广平才理解应铼，爷孙俩一脉相承，生命才那么有血有肉，有光泽。

我与这位曾祖级的人物发生关系在20世纪90年代。许广平的侄儿许锡申把我带到广州的东郊，许应铼的墓就在一座小山冈上，我们叩头拜祭。老祖宗的墓在广州是市属文物保护的一类，也有个牌子竖在那里。墓碑上写着儿孙们的名字，显然是晚清辛亥之前立的。锡申舅舅对我说，墓被盗过几次，都在兵荒马乱之时。我视线中的拜桌前有一个小洞，在碑旁也有一个小洞，是被盗的遗迹。这个有些规模的大墓因为是巡抚级的，在中国一定被光顾，能挖则挖，是我们民族的特色。乱世多而安定少，饥不择食，也不择手段。相信盗墓者也捞不到什么有价值的东西，因为是清官墓、儒官墓，因为有文化修养，薄葬、清葬是自身的风气。

许应铼出自许氏家族七宅，与许应骙同以71岁归道山，相对来说，许应镕在仕途上较许应骙曲折、艰辛，没有许应骙幸运。清咸丰三年（1853年）以会试第12名赐进士出身，不久即被提拔为郎中，出任江西临江府知府，后又调任南昌府知府。继又任广饶、吉南、赣宁兵备道等职，长年在官僚中层游走，切切实实在战乱、贫瘠地区干些实事。那年月，国家处于太平军、捻军造反的战火中。江西临江、抚州等地，连年战争，田园荒芜，饿殍遍野，民不聊生。人民流离失所，战争机器则刮尽了所有人民安定的资源。医治战争创伤，安抚民生几乎使许应镕耗尽一生精力。在晚清的地方官中，他算是一种以儒家精神为支撑，以清官自守，比较注重人格修养的官吏。两江总督刘坤一上奏朝廷，称赞许应镕"廉明强干"，光绪帝特赏谕"许应镕办事认真，才长心细，平生清介自持，服官三十余年，俸余周济贫乏、不置产业、戚里称美"。请注意光绪的"不置产业"一句，晚清官吏能做到"不置产业"的实在是个少数。这句话由皇帝说出，应该说许不会"假冒伪劣"，更何况许应镕当时已身居署理浙江巡抚及曾任江苏、浙江布政使的一省高官，清介自守更属难能可贵。许的人生人格较为优美是可信的。现在的杭州，还立有一巨大石牌坊，表彰着许应镕的功德及廉明。20世纪40年代，许应镕的儿媳、七宅朱太夫人与子孙们在牌坊下合影，切实地骄傲了一回。民国以来，许应镕有五位孙辈叱咤风云。一位是辛亥革命时于紫金山上炮轰张勋的许崇灏，日后为民国考试院副院长；第二位为粤军四师师长许崇济，讨伐"桂系"陆荣廷，东征陈炯明，平定杨希闵，大小战一百多仗所向披靡，日后的东北"剿总"卫立煌正是他部下；另一位便是廖仲恺的助手，25岁当省教育厅厅长、中山大学校长的许崇清，新中国成立后为广东省副省长、中山大学校长；再一位是许崇年，任粤军总司令部中校副官、孙中山及总司令许崇智侍卫队"御林军"首席，日后升为少将；最后一位就是许广平，鲁迅先生夫人，她更家喻户晓。这是后话。

许应锵的遗物到了2002年只留下两幅字、两幅画，现在仍挂在他的重孙的许家旧屋里。两幅山水清淡、寂静，一山一帆一水，很对称他的淡、静之性；两幅字，工整秀丽、中规中矩，没有败笔及抒发性灵的自由，也很合他中庸不过的脾气。都是江浙文人送给他的唱酬之作，又反映出他与文化人的乐于交往、近朱者赤而不入流俗，老友俞樾常常是"衍祥堂"的座上客；又喜收藏晋砖，并为此而把玩研究，写出了《晋砖吟馆诗文集》《衍祥堂闻述》等文集，居官大有文人士大夫之风。一代官僚，把所有的业余爱好都投入到文化研究、诗文创作中去，以及对战后该地区文化建设作关注和努力，确是晚清中兴之局中可以与曾、胡、左、李、张诸公比肩三辈。封建官僚中最高理想的儒式的学者型官吏，是许应锵终生为之奋斗的理想。

"衍祥堂"是许应锵的斋名，也是他终生身体力行的理想，"衍"即延展，"祥"乃慈祥、祥和之意。"推衍祥和"，我想老人家大概以此意命名。应锵在江西、江苏为老百姓办了许多实事，例如兴办学校，建善堂，募捐，剪除民间溺女婴恶习；他把不务正业的好斗游民组织起来，耐心教育，鼓励他们以正业为本，参加生产劳动，并传授种植技术知识，使两省种养业有大的发展；他教民种植柑子，逾年收效，果实肥美异常，使当地百姓大为受益。日后，这种柑子广称"许公柑"，至今仍在流传；他创办"蚕桑局"，把广东顺德的种桑养蚕技术传授给乡民，致使江西省"蚕利大兴"；他在江苏又设"沙洲局"，推行"垦荒政策"，使大批流民屯田垦荒，很快使百姓获利。因此，江西、江苏的经济恢复得很快，逐渐摆脱战乱留下的贫困。他也重视当地的人文景观与史学典籍的重建和修纂，在政府财政最困难的时候，想方设法主持修葺城池、书屋，一些人文景观如鲁公亭、五峰楼、惺园、芙初小榭、梦草池塘、徐公祠等也得到重修，以致俞樾感叹："许之江西去任，百姓无不感恩戴德，有以牛酒随百姓攀送者。其威爱类如此。"主持《抚州府志》修纂也是许应鑅关注的人文人事，百废待兴中，他没有急功近利，只顾眼前的政绩，而是分出不少时间重整典籍，进行毫无实惠的文化积累。他关注该地区的人文地理、历史、风俗、人情、食货、税赋、城郭、建制、地方选举、文化源流、名人旧事。战争才刚刚结束或并未结束，衣食住行仍未有所保障，一个封建官僚却对中国传统文化的保护和关注投以巨大的热情，显示了他的远大政治眼光和文化修养的深厚。比起我们现代的某些为政者的"急功近利"，大拆大毁古迹文物，只顾经济建设的"先富起来"而忘记文化建设的潜移默化，两相比较不知要相差几许。安其身立其命，文化是安身立命之本呵！

应鑅居官，曾常常有清醒之处。他说："古之居官也，在下民身上下工夫；今之居官也，在上官眼底做工夫。古之居官也尚正直，今之居官也尚谀阿。"光绪四年（1878年）十月，许走马上任为江苏按察使，专掌一省刑名与案劾。由于他力主慈爱，史称许履任不到半载，平反冤案百多件，江苏百姓十分感佩，时号许青天。又说，他在江苏"陈臬六载，务德化不尚刑罚，奸究格而风俗纯"。历史给予许应鑅拨乱反正的机会，晚清的腐朽又给这批"名臣"们暂时支撑着免于塌陷，所谓"中兴之局"，也就是这批"主慈爱"的官员们，用个人的人格力量撑起危局，拼命在为老百姓做好事，如费正清对晚清中兴之局的评判，"不道德的社会归根到底一定要由有德之士来纠正"。如此简单而已。因为成绩斐然，应鑅又任浙江布政使、浙江藩台，直至任署理浙江巡抚，成为许氏家族又一任的朝廷封疆大吏。在江苏、浙江，他不断地为清政府平定黔疆与回疆提供军备粮食，所以俞樾说他："中兴用兵尤重聚粮，曾国藩、左宗棠之平定边疆少数民族之乱，全赖许应鑅在后面供给、支撑。"浙江和江苏一样，在太平天国被镇压之后，仍是全国战争遗祸最惨重的地方，而浙江的水利因战争而失修及破坏，每遇豪雨，万山之水倾倒而注于湖郡，俄顷泛滥横流。水灾尤使海盐、湖州、萧山、会稽、山阴一带百姓流离失所，颗粒无收，雪上加霜。许应锵处此艰难之局到处奔走了解水情，动员各地绅士民众，筹集资金，经几年，分别兴筑了海盐塘工、湖州东塘、萧山西塘、山阴会稽堰等工程，使浙江从此有水利而无水患，人比其功如唐渠汉坝。

许应锵生于乱世，一生为官如颠沛流离，未尝安定，一生用儒家治国齐家修身的精神夹紧自己的尾巴，不逾矩少犯错，兢兢业业。一生中吃的大大小小苦头无从计算，而个性更显"温良恭俭让"。高雨伯在谈到许应锵吃左宗棠苦头时有一则故事："左不是进士出身，内心常有自卑感，做了大官后，常有些怪脾气，特别藐视以进士出身的为官者。同治六年（1867年），许应锵以九江道率领他所属大都是进士出身的知府、知县同僚，前去拜会当了大官的左宗棠。左见许递过的手本(拜会名单)大多皆为进士，甚为不高兴，更加白眼，摆足爵爷架子。许率众官向左行礼，左也不还礼，不说什么就叫众官退下去，反而对一个举人出身的九江同知大加礼遇，弄得应锵尴尬异常，尽吃苦头。"许在自述中也如风过耳，并未提及此事。

光绪十五年（1889年），浙江大灾之年，暴雨连旬，饥民待哺。而此时，许应锵祸不单行又吃苦头。朝廷向浙江"催征钱粮"，谕令江西、浙江两省，将前欠下共解银42万两，限于年底全数解清。"乃该两省奉拨至今，均尚不及一半，实属任意延宕"。痛感民间疾苦的许应锵做不出在大灾年仍极力压榨人民以保官位的恶事，继续拖欠朝廷赋税，采取消极对待旨令的做法，一拖再拖。光绪十六年（1890年）正月，许遭到弹劾，降一级调用处分。

朝廷的处分，并没有使许积极筹措或醒悟过来，加紧不择手段向老百姓"催租迫债"，他不是《白毛女》中的"黄世仁"。

光绪十七年（1891年），以不变应万变的许应锵令朝廷对他彻底地失望，以71岁高龄被"开缺来京""另候简用"，彻底地被摘了乌纱。他不想在百姓身上百上加斤，不愿看着因自己的"恶政"而使多数人受苦受难，那个时代怀着一颗柔软心的官僚我不知是少数还是多数，这个贵族出身的二品官倒还有种避免作恶的骨气。他的慈爱决定着他的"有所不为"，被罢官是他早已估计到的结局。他宁可吃苦头，宁可牺牲自己。70岁了，服官已精疲力竭，身心受损，留颗柔软的良心，退下是非之地，也是胜算，无所谓了。许氏家族的各代人物中，总出一批有牺牲精神的人物。这大概又是作家伊妮所说的"动不动就激动的老脾气"。又因为几代下来，儒家那种不以功利为人生的精神，催发"贵族"或"士大夫"式的以天下为己任的激情所陶养，关键时刻或矛盾尖端总出一些令人愕然或侧目的意想不到的"爆炸"，应锵又是一个典范。

这一年，就在应召返京途中，许应锵突然发病，客死他乡，没有一个亲人在身边。替天下吃苦的许应锵处罢官之身，临终的心绪一定是郁闷的。秋风凉叶的时世，古道热肠的人物留下了《衍祥堂述闻》这本集儒家思想修养大成的著作，文中分"省身""理家""训子""涉世""居官"等五篇，推崇一种"光明磊落"的大人格；一种近乎宗教式的克己情怀；一种悲天悯人的对世间关爱，集中为孔孟之道的四个字——正大光明。有学者提出孔孟之道，经2000年演进，经书文章汗牛充栋，近于庞杂，主张简化及普及化。梁漱溟把孔孟思想归纳为"正大光明"四字，足见传统优秀文化之根本所在。正直、诚实、博大、宽容、光明，给世人以温暖。此四字亦足以光照千秋万代。他就这样悲凉地归去来兮。而在浙江、江苏，他的死，令老百姓感到悲痛。大家没有忘记他，他死后30年，浙江省民众自发地聚集悼念他，集资为他立了一个巨型的牌坊，"温恭其容，和平其性，寿孝宜民，德操坚定"，16个字是浙人对他一生的概括。广州"许地"他的居所至今还在。因为他的"不置产业"，令儿孙们挤于一屋，颇像72家房客，至今仍是几房人堆在那里，繁衍到第五代，门口却挂着"许广平故居"的牌子。这位孙女在现代的名气，超过了爷爷，保护了祖父应铼的老家不用迁拆。不过，老房子100多年都未修葺过了，破烂得简直不成样子。

牌坊立了起来，然而，他老人家并不知道，很少人理解他的"实属任意延宕"。像苏东坡、欧阳修、范仲淹、郑板桥，生前追求思想人格优美，而一生际遇很不美丽一样，许应铼个人一生并不幸福美丽，他不后悔，明知"赢得生前身后名"也是虚无，支撑他的是理想与追求。他问心无愧，他充满着人本与人文精神的头脑，有一种近乎宗教式的信仰及终极关怀。老天爷理解他。

云上的老头

174

外祖父的叔爷爷——许应骙

在中国，当官者众，大部分都是无闻而终老。许应骙却"闻名而遐迩"，名字在中国近代史上"如雷贯耳"。从鲁迅先生与许广平的对话就可知之——

鲁迅："什么?许应骙是你叔祖?"

广平："我父是许应镕所生，应骙是我爷爷的堂弟。"

鲁迅："我一直吃你们许家的亏。叔公周椒生因周作人在信中只写公历不写大清年号，狠狠地训了我们一顿'无父无君，大逆不道'，并教训我：'康有为是想篡位，所以他的名字叫有为；有者"富有天下"，为者"贵为天子"，非图谋不轨而何?'于是叔祖拿着一沓报纸硬要我抄下来看去。所抄文章就是许应骙的《明白回奏折》……"

清末戊戌变法，许应骙身为礼部尚书，扮演了守旧派反对变法的"急先锋"。他以为自己在"卫道"，"卫"中华3000年文化、制度不变的"道"。然而，许的"方刚"之气，却使中国改革之舟横遭险恶与风浪。1898年，光绪帝下"明定国是"诏书宣告变法，御史宋鲁伯上书朝廷废八股，建议经济岁举与正科合并。许应骙迂腐荒谬，建议将经济科并于八股，惹怒了宋鲁伯、杨深秀，他们联衔上书弹劾许"庸妄狂悖，腹诽朝旨"，要求罢黜许。光绪帝诏令许应骙按照所参各节明白回奏，许也针锋相对，敢于逆小龙之鳞，写了《明白回奏折》，更拿站在宋鲁伯背后的康有为"开涮"，真是"庸妄狂悖"。

百日维新运动，光绪皇帝准许臣民直接上书言事。7月16日，礼部主事王照请光绪帝游历日本等国以考察各国情况。尚书怀塔布、许应骙不肯代送。王照弹劾他们并到堂亲递，许应骙怒火中烧，容易激动的老脾气令他上奏说王照"咆哮署堂，藉端挟制"。此事令光绪帝发怒，撤了许的职。许应骙也从此被历史写上守旧顽劣的不甚光彩的一笔而不得翻身。

其实，许应骙也很"反传统"，许家就盛传他在母丧期间的一件反祖制，宁可得罪列祖列宗各房长老的故事。许的母亲不是正室，按千多年族规、祖制，许母死后棺木不能从家庙的中门而出。许的老脾气又犯了，他向族人咆哮道："我可不可以出中门?"众人于是说："一品朝官，当然可以。"于是许坐在其母棺木之上，大呼："给我连人带棺抬出中门。"全族人愕然，被他的突然举动惊呆，眼睁睁地看着一生一死的两个人被抬出家庙大门，绝尘而去。这也算是许的一"怪"。

许应骙的以上个性，一是家族的熏陶；二是仕途顺畅所纵容。咸丰二年(1852年)入翰林院当庶吉士后，三年散馆考试授检讨，同治元年（1862年），许应骙服阙入都参加纂修《文宗显皇帝实录》，书成授洗马。以后历任翰林侍讲学士，署国子监祭酒。光绪元年(1875年)，充福建乡试正考官，次年任甘肃学政，不久，许应骙又升内阁学士，兵部左侍郎。光绪六年(1880年)，许应骙奉旨充会试副总裁。这是清代科举考试广东人充当会试总裁的第一人。他深得恭亲王奕訢、大学士李鸿章等权臣信任，在他们的援引下，甚得朝廷器重，更历任户部左侍郎、吏部右侍郎、吏部左侍郎等职。光绪十七年(1891年)奉旨调任仓场侍郎，他认真查办"仓场积弊"，使"南新仓颗粒无亏"。因此，慈禧太后十分赏识他，光绪十八年(1892年)特赏许应骙在紫禁城骑马。光绪二十一年(1895年)许应骙又升任左都察院左都御史，过了一年，任工部尚书及"殿试"读卷、阅卷等职。这只"许老虎"40年间步步高升，京中各部的首脑他几乎都担任过，还被调往总理各国事务衙门当大臣。这无疑是送一只"恶"老虎守在"外交部"的门口，清史评价许应骙秉性方刚，不懂妥协，不识周旋，不通外情，不明时势，更墨守成规，"憨""呆""躁"三包，对着各国气势汹汹、趾高气扬、不可一世的"番鬼"，总理事务衙门的官署内，不三天一小吵十天一大吵才怪呢。一年后，他不能胜任外交事务，是年转任礼部尚书。慈禧太后还算有知人之明，也没有"亏待"他。

这个被两江总督刘坤一称誉为"首发康有为之奸"、"请予超擢"的许应骙，在戊戌百日中也为"维新"办了件"好"事，这件好事竟成戊戌变法硕果仅存的唯一政绩。京师大学堂是由许应骙和奕䜣选址办理的。6月中，两人里外跑遍全北京城，终于选中"地安门外马神庙公主废第"这个地方作为京师大学堂的校址上报光绪。

戊戌政变之后，许应骙外任为闽浙总督，"仍在紫禁城骑马，并在西苑门内骑马"以示优宠。而晚年的许应骙并不舒爽，一切内外事务都变得黑漆潦倒。光绪二十八年（1902年）御史李灼华上奏弹劾，指控其"贪污搜刮，督闽积弊甚深"，朝廷令张之洞查复。张复奏所参各节"皆无实据，主张免议，惟该督身任封圻，不能俭约，率下收受礼物，家丁勒索门包"。张之洞未曾查出许的贪污之行，倒是许的手下按察使、督标中军副将等有渎职之事。许于是被解任，退出政治舞台。许应骙回广州后，便从高第街搬出，于广州河南白鹅潭畔建造了一所颇具规模的私家园林"后乐园"，亭台楼阁，假山真水，还拥有一条私家河。现在的海珠区还有一条"后乐园街"。他死后的遗物得以保存至今，得益于民国初年他的后人举家南迁香港，也因为日本人攻占香港后，日酋矾谷廉介在许家门上贴了一张"立入严禁"的告示。包括慈禧光绪给他厚厚的封赠，这批遗物历经100年至今仍然鲜亮。

我的曾外祖母

朱太夫人是母亲的祖母，2001年9月出版的《鲁迅与我七十年》中，周海婴是这样描述这位朱太夫人的："崇灏舅父青年时代思想革命，加入同盟会……是一位地位受尊敬的人物。但他那时不在上海，留下他的母亲朱妙缘在沪。老人家笃信佛教，在楼上设个小佛坛，供奉观音菩萨，每天烧香念经。母亲(指许广平)带我上楼拜见这位阿婆时，她总要从佛坛上取个苹果之类的水果，慈爱地用广东话对我讲：'呢个系菩萨食过唧，你食落去会消灾去病，长命百岁。'我回家一尝，味道淡而松软。当时我不懂是菩萨的口味和平民相异，还是菩萨尝过的就变味不好吃了？"小孩时的周海婴对朱太夫人印象从菩萨开始。朱太夫人的丈夫是许炳晖，与许广平的父亲许炳枟是同父异母的兄弟，其父就是署理浙江巡抚许应铼，有了这层关系，海婴也常随许广平到老太婆楼上走走。

1894年许炳晖于任上亡故，留下三妾朱太夫人携带许崇灏、许崇清、许崇年等子女七人，外加一个在济南出生的同父异母小弟许崇济——她出身未满月时，四妾母亲就过世了，炳晖嘱咐朱妙缘加以抚育，他将许崇济视如己出。她们一行八人又回到高第街七宅定居，也是许广平住的那个地方。因为他们都是庶出，嫡生的兄长们早已将炳晖的遗物全部分光，只留下20两白银作为他们的安家费，缩在许广平居所对门的阁楼上。朱那时30出头而守寡，靠为他人缝补洗涤，含辛茹苦，维持一家九口生计。辛亥革命期间，朱太夫人养育的几位儿子中，许崇灏任南京临时卫戍区司令，后任国民政府考试院副院长，许崇清任国民党临时中央执行委员、广东省教育厅厅长，许崇济任粤军第四师师长，许崇年任粤军总司令部中校副官、孙中山北伐大元帅府前卫。她可谓"教子有方"，60岁寿辰时，孙中山曾送牌匾祝贺。朱氏所生的几位儿子都有传说故事，可立传奇。据崇灏后人许锡缵回忆，许崇灏生于光绪八年（1882年）四月初八日，恰好为"浴佛节"。时父亲炳旦韦为户部郎中，做着京官。这天清晨，家人开门见门口一个苦行僧盘腿而坐，木鱼声声，念佛不已。过了一刻，又有僧人送来五果煮好的"浴佛汤"，正好三妾朱太夫人的孩子呱呱坠地，家人立即给小孩取乳名"佛缘"。崇灏的"灏"意为浴佛汤之多貌，仰望前程广阔。约莫过两年，炳旦韦调至山东治河，在济宁遇上河堤决口，日夜抢修堤围，恰好四妾生下男孩，许便取名许崇济，以纪念化险为夷，济民于难。又过了两年，传说当年黄河整治后，河水澄清，古所鲜有，恰又逢朱太夫人生下男孩，连忙为其取名"崇清"，黄河水清以志祯祥。由此而朱太夫人的笃信佛教，也是其来有自，这个大家族的妇孺们仍有信佛传统，在这些清代及民国期间生活的家族妇女中，"行善积德"特别根深蒂固。对穷苦的人，有困难的邻里乡亲，她们都充满同情怜悯与善良，为此而感染到一代代的儿女们甚至是佣人、杂役。我的外祖父许崇年请来带养我母的佣人"亚八""亚二"，都信佛。"亚八"也像朱太夫人一样，安放神台、佛像，终生茹素，不嫁。善良与怜悯大概是那时所谓贵族或绅士式的习性。我的母亲许平华自小就受到祖母朱太夫人的言传身教，也养成一种"遗传"，每逢听到别人的不幸或痛苦，总爱跟着替人流泪，表示着对他人的深深关切和怜悯。她极容易为他人落泪，更容易对别人施舍。50年代，全家失业，她拖着我满大街地找工作。我们的家那时也实在困难。然而，从上九路到下九路遇到乞丐，她就布施，见一个布施一个，母亲的善良给我以太大太深的感触。直至现在，每当上街，我总有向路上乞丐布施的习惯。见到衣衫褴褛者，我的心有如我母般的揪痛，就像被磁铁吸了过去似的，于是就掏口袋。许家的博爱善良代代相传，从拜庭到应镰，对弱小、贫困的同情与扶助一直成为广东"贵族"一群的带头羊。爱自己人容易，而爱他人或所有人就难，这需要理解与培养。20世纪的各种极端主义把"博爱"批判、践踏，从而溺生出一批批妖孽鬼怪，人与人之间变得冷酷与功利，跟着危及"诚信"，真、善、美曾经遭到空前的危机。倘若人类的生存底线崩溃，人类灾难就不远了。贵族中有人性丑恶与善良的各种各样，但是，"三代出个贵族"，大概是说暴发户们要经几代的教育文化熏陶才能培养出一批有高尚人格、不计功利、关心民间疾苦、善良而具怜悯心的国家人才，在朱太夫人身上体现了这条人生品格发展的规律。她们那个时代离我们已太遥远了，历经反封建、反资本主义、反修正主义以及"文化大革命"，好的传统都砸个稀巴烂的当日，人们的情感、诚信也扭曲了。坐上公共汽车，首先要对被让座的人作一番怀疑，是不是地主或资本家；否则，对地主或资本家让座岂不丧失阶级立场？对马路上的乞丐，我们也怀疑他们是否是骗钱回家乡建大屋子的丐帮专业户。中央电视台的崔永元感叹现在的社会："最让人伤心的，是凡遇到这样的事，大家首先是怀疑。一个社会缺少诚信，社会的成本就增加了。"羊城晚报的陈桥生说得更沉痛："20世纪善良一直被嘲笑，先是被暴君嘲笑，后来被痞子嘲笑，聪明人一直从世纪初嘲笑到世纪末。嘲笑善良、慈悲、诚实、崇高是20世纪巨大的心灵倒退。"朱太夫人那个时代离我们已经远去，如此善良的"傻呆"日见稀少，也不知是这个世界的福还是祸。一个不重视善良的民族，到头来报应的将是"凶残"，决没有其他美好的结果。旧时的"贵族"或大家族永远是个"落后、反动、丑恶"的话题，而今天所逝去了的中华民族优秀人物(包括共产党内不少人物)有不少是从"贵族"、"书香门第"或"富户"中冒出的，这是不争的事实。

这个含辛茹苦，以20两白银安家，替人缝补做苦工的朱太夫人，是个彻头彻尾的苦大仇深的"贫下中农"。她养出了一批"反封建"的叛逆者，受到满世界的尊敬。而她却淡泊得很，不知尊敬为何物，"躲"在小楼里，不断地替一家大小念经拜佛，保佑儿孙无灾无难。她一生行善拜佛以至终老。这位祥和与善良的"安详菩萨"对人世间一切功名利禄看得很淡，而对于慈爱与怜悯，她却终身抱紧，绝不放弃。一个没有多少文化的中国妇女，终生茹素，不杀生，少物欲，信奉两三条为人守则，例如善良、博爱，例如信仰、坚守、执着，是多么令人感动与尊敬。她的"正大"在于少欲、少私，她的光明，在于以善良播于人间。她太平凡，从平凡中见伟大，她却对伟大两字难于理解。"人异于禽兽几稀?"这是孟老夫子的一声叹息。人作为一种"动物"，有着善良与丑恶的两面，终生张扬慈爱、善良，不断反省，贬抑自身的丑恶、邪欲，才会脱离"动物性"，而达到一种致良知的美好境界，世界才有希望，人类才有救。2002年，七宅的全体子孙又把她从黄太夫人墓后坟地迁到广州中华永久墓地，为首两位曾孙已经七老八十，捧着她老人家的骨殖土罐，小心地放于土坑之中。历经上百年，罐内的骨殖已少之又少了，一沓纸银烧过，又埋于土里，老人家彻底安息吧。

母亲的伯父——许崇灏

外祖父的两个哥哥一文一武，武为许崇灏，粗眉厚唇时露霸气，文为许崇清，秀雅书生文质彬彬。母亲时常说起他们，面泛兴奋、自豪，眼里放出光芒。

许崇灏是当年署理浙江巡抚许应镰之孙，父亲许炳�曾任山东候补知府，负责江西洋务局。崇灏12岁时，父于江西奉命查办某县教案，恰逢盛暑，染病去世。因家贫，1904年他与弟弟许崇清结伴到南京，投靠江南候补道、叔父许苓西(后任驻美旧金山总领事)。崇灏考进南京武备学堂弁目养成所。以名列优等第一毕业，分配至南京江南陆师学堂第四期。毕业后，历任清江南第9镇步兵第36标第1营队官，第3营管带。1910年，许在科学补习所认识黄兴、宋教仁、欧阳振声，三人介绍他加入同盟会。许崇灏进入新军后思想不断倾向革命，而当时江宁将军铁良却因许是巡抚之孙，大加信任，不断升迁委以重任。铁良还对许说："你是世家子弟出身(今所谓高干子弟)，军中多一世家子弟入营，即可多一重耳目。"对于许崇灏来说，铁良真是大跌眼镜。

辛亥革命前夕，他与驻镇江城外的第18协统第35、36标的管带林述庆、刘成、端木璜生等人联络，宣传革命，积极组织镇江新军反清武装起义。时任两江总督张人骏、江宁将军铁良深疑镇江新军叛逆，迫令新军九镇各营缴出全部子弹，又令张勋的江防营及巡防营分布镇江附近防变，使新军处于被包围的险境之中。新军闻之，谋变之心更激。1911年11月3日上海光复，崇灏急派士兵化装成工人赴沪领取子弹。11月4日晚，第35、36两标全体官兵在京岘山宣布起义，林述庆被举为司令，许崇灏任参谋长。义军包围镇江城，该城不战而降，都统福某吞金自杀。新军入城尽缴旗兵枪械，收编巡防营及江防水师。武昌首义后，驻武汉的海军舰队企图沿长江逃跑，起义军在镇江发炮制止。许崇灏乘汽艇上镜清号旗舰与统带宋文蔚晤谈。宋为广东香山人，与许崇灏有亲戚之情。宋仍在犹豫不决，而各舰海军将领都是广东人，时有粤人陈复等数人拔枪威胁于宋，各舰管带一致对宋陈说革命大义，宋于是无言，令各舰高挂白旗。同时在许崇灏"单刀赴会"中反正的舰艇有镜清、保民、楚观、江元、江亨、建成、通济、楚同、楚秦、飞鹰、楚濂、虎威、江平及鱼雷艇共14艘，瓜州长江水师总兵所辖炮艇百余，扬州缉私统领徐宝山也宣布投诚，于是镇军声威大震。

11月11日，上海都督陈其美提议组织苏浙沪联军到镇江集中，分兵四路攻打南京，并举徐绍桢为联军总司令。13日，徐绍桢在镇江召开军事会议，由许崇灏率陆军第一支队，刘成统第二支队，柏文蔚统第三支队，由紫金山北攻天堡城太平门。其时，苏、浙两军进攻失利，后取崇灏建议，30日晚，联军分数路进攻紫金山。经数小时激烈战斗，12月1日黎明攻占天堡城。天堡城乃拱卫南京的门户和锁匙，天堡城一开，许崇灏拉来两门大炮登高发炮，总督张人骏、将军铁良、江防营统领张勋知大势已去，弃城而逃。2日，南京光复，许崇灏被任命为南京临时卫戌司令兼第一独立混成旅旅长。

1912年1月1日，孙中山在南京组织临时政府就任临时大总统。3月10日，袁世凯在北京就任临时大总统。袁任黄兴为南京留守，许崇灏为留守府处长。

讨袁军起，黄兴任江苏讨袁军总司令，许崇灏任参谋长。讨袁失败，黄兴星夜离南京，许崇灏亦逃亡上海。

此后，许崇灏辗转广州，跟随中山先生左右。1916年在广东肇庆曾任两广护国军司令部参谋。1917年在西安任陕西省长公署参议。1918年至1920年在广东任粤赣湘边防督办参谋长兼粤汉铁路督办、护路军司令，整顿粤汉铁路。这段时间的许崇灏可谓仕途曲折，颠沛流离。自南京起义的轰轰烈烈之后，许离开故地就一直不得志。整顿粤汉铁路虽然剔除积弊，清还旧欠，清发欠薪，政绩也显著，然而1924年他又因"商团事件"涉嫌陈廉伯私运枪械案受到委屈，被停职听候查办。遭遇众多委屈是许崇灏的命运，那时还有许崇智这位兄弟的大柱支撑着。待到许崇智退出政坛，许家在中国历史浪尖风口舞台上的故事就退到寂静而无闻。

1922年，孙中山委许崇智为东路军讨贼军总司令，许崇灏任前敌总指挥部参谋长，东路讨贼军左翼纵队指挥，他的军人生性与气质仍有用武之地。这段时间，他成为孙中山重要的军事幕僚，地位也炙手可热。据许崇灏回忆，黄埔军校的始创，孙中山对许有过询问、筹谋，其中也有出自许崇灏的军校策划与设计。为了改造旧军队，厉行"以党治军"，孙中山要求许提出一个练兵、准备北伐的计划，请许拟就。他们有过一段对话：一日，孙先生令余筹款五万给某君招募绿林，准备北伐。余对孙先生曰："绿林余亦带过，临时用之以扰敌后，或作游击则可。若以正式作战必不能持久，一遇强敌必自溃败……不如筹款自行练兵，自练一支劲旅以作基本，其他各军为辅，胜此多矣。"孙先生曰："如何练法，你试作一计划。"余对曰："欲练兵，先练官，先练头目，官练好头目练好，再练兵，必可成为劲旅。"孙先生曰："好，你速作个详细计划。"余对曰："诺。"归后即拟一训练官兵之计划书……拟就之后，呈孙先生核鉴，极蒙赞许，决定照办，并询问以何处为校址。余对曰："清代陆军学校在黄埔，该处离城市较远，环境清静，练兵办学极其相宜。"孙先生颇以为然，于是决定办军校于此(许崇灏《回想录》1936年写成)。于是就有了许崇灏极力要崇智担任校长，他充作辅助的故事。

1923年，许崇智任粤军总司令，崇灏任顾问。1924年，孙中山应冯玉祥邀请北上不久，遂患病不起。崇灏由粤赶赴北京铁狮子胡同孙先生行辕探病。孙中山去世后，崇灏护送灵柩至太和殿受祭，再送碧云寺。

不久，"廖仲恺被刺案"发生，许崇智被蒋介石武装胁迫离粤，解除军职，许崇灏跟着被贬。从1928年至1941年，他在南京、重庆等地任国民政府考试院秘书、秘书长，又因为刚正不阿，疾恶如仇，得罪了戴季陶，被排挤退职。1943年至1946年，复在重庆、南京任国民政府委员、国府顾问等闲职，更没有什么作为了。血气方刚、思无邪的许崇灏一直在蒋政权之下郁郁不得志，很想有所作为而又无能为力，1928～1948年的20年间，生命中的无奈煎熬着他。他喜欢写诗，有点像宋代辛弃疾，二人青少年时都英姿勃发，战马嘶鸣，于敌军中冲杀往返如入无人之境，很想为民族成就一番大事业。而中晚年一直孤灯残梦，落魄寂寥，英雄无用武之地。他写了六卷《大隐庐诗》，人生的感叹与无奈，英雄气的勃发与失意忧虑浮于诗上：

壮志消磨笔砚间，几回抚髀叹身闲。

夜来又作征辽梦，手挈雄师出汉关。

弓衣剑画染尘氛，聊向书城策旧勋。

熟习韬钤无用处，十年闲煞故将军。

抗战期间，他被迫赋闲在家，特别痛煞这位故将军。他是辛亥名将，国恨家仇，前方喋血，不能为民族效力的那种酸楚苦痛可想而知。辛弃疾的悲剧于20世纪又重现在许崇灏的身上，魂与魄都不得安宁。

1946年他以仕致休，弃政从文，主持"亚细亚学会"，著书立说。《新疆志略》《琼崖志略》等是此时的成果。

1949年，上海解放。1953年许崇灏进入上海文史馆、参事室，当上政协委员。心绪实实在在地平静，在平静中安享晚年。此前他写信给在广州身居要职的弟弟许崇清说："老蒋政权败亡乃天理所致，今日国家复兴有望，唯吾担心那些'左'派幼稚病。"1959年他在沪病逝，享年78岁。

许地的人称许崇灏为"虾饺"，缘自他喜欢留须，特别是嘴上的两撇胡子很像广东的"饺子"形状，故得名。他晚年的照片从相学上看，硬直而没有弧度，刚正而不能圆润，与他的坎坷曲折相印证；他的脸孔瘦削、多棱角，也说明他的意志消磨或精神痛苦，影响着他的健康。从一些旧照片看，他的腰板仍死硬地挺着，撑在凳上，凛凛然一股正气。豪雄之气支撑着他对生命的坚持与不倒。许崇灏，"可怜白发生，猛志固常在"的一代开国元勋，英雄气短！

母亲的伯父——许崇清

1956年，许崇清以特邀代表资格出席了毛泽东主持召开的最高国务会议，会议开始前，出现了一段小小插曲：

毛泽东首先环视会场一周，然后问："都到齐了吗?"看看名单又问："请问许崇清先生到了吗?"

许崇清答："到了。"

毛泽东说："久闻大名。"

许崇清："不敢当，不敢当。"

毛泽东没再询问其他人到会没有。许崇清感到非常激动。

早在20世纪20年代，他们就各自在传媒文字中认识。广州青年夏令讲学的简章里，一批历史上鼎鼎大名的人物讲授课程的目录里许崇清也名列其中——

阮啸仙先生讲授：《农民运动策略》

孙科先生讲授：《市政问题》

邓颖超先生讲授：《妇女运动策略》

毛泽东先生讲授：《宣传问题》

恽代英先生讲授：《中国共产党与国民革命》

许崇清先生讲授：《革命与教育》

伍朝枢先生讲授：《革命与外交政策》

何香凝先生讲授：《妇女问题》

鲍罗廷先生讲授：《世界政治经济状况与中国革命前途》

1905年赴日留学的许崇清在海轮上剪去了辫子，顺手把它扔进太平洋。

年青的许崇清相貌酷似日本皇太子。在日本时有一奇遇。某日，他往东京外地，上火车后，突然有几个人恭恭敬敬地向他点头哈腰，然后诚惶诚恐地请他到包厢就座，一路上享不尽各种招待及美食，服务得无微不至。当许崇清下车后，他们才发觉搞错，把许崇清当日本皇太子招待了。

1911年经宋教仁介绍，许崇清加入同盟会。1912年许崇清重返日本完成学业，嗣后又进入东京帝国大学文学部，大学本科毕业后又上了研究院。1920年，许崇清以优异成绩毕业。说到他的"大名"，应该从与学界泰斗蔡元培的三次论战开始。一个青年留学生竟敢数次批评并质问于蔡先生，在民初的中国学术界是令人颇感意外的新鲜事。蔡元培是天下兼容并蓄第一人，其宽容异己的人格，中国好像很难有第二个。在他的手下有激进的陈独秀，有新潮的胡适、鲁迅，有极端保守的辜鸿铭，还有主张废汉字的钱玄同等等。他的思想、举止永远是中国知识分子的典范。

蔡元培心胸广阔，也很欣赏许崇清，双方数度通信，结为好友，便相邀许崇清往北京大学任教。在质问蔡元培的文章中，许第一次引用爱因斯坦的"狭义相对论"，据科学史家考证，这是中国学者第一次在本土介绍爱氏的著作及思想。

1920年回国本想往北大教书的许崇清在上海第一次见到孙中山。孙先生劝导他不必急于去北京，先在上海了解国内的政治、经济、文化，有所认识与实践也不迟。一个月后，在朱执信的劝留下，许回到广州，以32岁之龄出任广州市教育局局长。当时，广东省政府又组织了一个广东全省教育委员会，由陈独秀、许崇清两人负责。1921年，许崇清创办"广州市民大学"。1922年许又与胡根天等创办"广州市立美术学校"。两所学校当年都被评论为"中国教育史之创举"。

1923年，许由廖仲恺介绍加入国民党，随即孙中山指派他为国民党临时中央执行委员会执委，参加了改组计划的草拟，实质上与陈树人等同为国民党改组派。1924年《国民党第一次全国代表大会宣言》中的教育部分，他是起草人之一。

1924年到1927年，年轻的许崇清出任广东省教育厅长，他筹备的广东大学(中山大学的前身)水到渠成，孙中山特别在许的陪同下出席成立典礼，并写下著名的训词："博学，审问，慎思，明辨，笃行。"这10个字今天依然悬挂在中山大学的中轴线的大道上。

其时，许崇清又发起收回教会学校外国人管理权及禁止在学校内传教的运动，还开展了工人识字运动。此时，国共合作下举办了一些干部的训练班、讲习班。许主讲《革命与教育》《德谟格拉西与教育》，提出了反帝、反封建的教育任务。1925年，他向国民政府提出的《教育方针草案》认为，中国只有摆脱旧制度向前跃进，才有发展可能。并特别提出中国过去不重视科学技术教育，主张学习欧美、日本、苏联等国家的产业教育，使人人都成为具有实用知识兼备科学知识的生产者。

许崇清注重著书立说，致力于教育理论的研究。他一生中发表了不少学术论文，如《教育哲学是什么？》(1930年)，《学术中国化与唯物辩证法》(1939年)，《民族自由与文化建设》(1940年)，《中国当前的科学思想》(1941年)，《杜威社会改造思想批判》(1942年)，等等。1946年，许崇清发表了他的重要文章《自由底涵义与文化底自由》，论述了政治民主与文化自由的关系，认为真正的彻底的民主社会，才能保证文化的自由，批评了当时中国的专制统治。1948年又发表了《人类底实践与教育底由来》。新中国成立后，许的著述也不断，特别是1956年的《人的全面发展的教育任务》，这篇论文引起全国教育界的重视。

1925年，"廖仲恺被刺案"发生，因许崇智牵连，崇清、崇灏、崇济三兄弟相继辞职。李济深、陈铭枢主粤期间，曾请许崇清任民政厅厅长，后来还曾暂代广东省政府主席。

许崇清的整个教育生涯，有相当一部分与中山大学联系在一起。1925年广东大学(即中山大学)是他着手筹备，1931年他第一次出任中山大学校长。他在任期间，于文学院增设社会学系，改理学院为理工学院，增设土木工程和化学工程两系，一切对大学的改革，都离不开他的"产业教育""科技教育"的理念。"九一八事变"后，全国学生抗日运动兴起，以中山大学为核心的抗日爱国游行和请愿、罢课如火如荼。许崇清同情学生运动，为西南政府所不容。年底，西南政府便以许崇清"控制不力"为由，免去其校长职务。中大的教职员工和学生大为不满，校董会也表挽留，西南政府迫于形势，不得不下令"许暂留任，维持校务"。1932年，许正式离任，只挂广东省政府委员的虚职。

挂着虚职的许崇清，也不甘寂寞。1934年，许崇清挺身而出，反对陈济棠的"尊孔读经"，成为震动南中国、反响巨大的政治事件。陈济棠翻出两千年前汉武帝的"独尊儒术"的陈芝麻烂谷子的旧唱本，无视儒学所带来的消极影响，强硬推行。于是恢复祭孔，提倡读经，整理国故，编订典籍，考据、复古风潮一时兴起。省教育厅要求全省小学一年级起要粗明经义，高小至初中分四年读完"四书"，高中以上读"五经"。而读《孝经》则从小学至高中一以贯之。陈济棠治粤政绩斐然，唯独他的"尊孔读经"，惊动了中国知识教育界的两名顶级人物，引致军人与文人对垒。胡适与许崇清反对陈的"尊孔读经"，认为此不合现代教育的科学理念，强调政教分离，自由信仰既立，国律已不容宗教或独家思想侵入学校，标举自由主义之旗帜。

《孝经新诂》是其时向全省学生推行的必读本，经西南政务委员会决定出版并交省政府办理，许崇清受命审查及拟具推行办法。审查过程中，陈济棠的亲信多次对许威逼兼利诱，促许迅速批准推行。许崇清的独立不倚的文人毛病又犯了，他严词声明："我自然秉公办理，决不由旁人所左右。"许最后写成了《孝经新诂教本审查意见书》，明确提出反对读经。这份意见书转报西南政务委员会审核，得到通过，使陈济棠极为难堪。1934年7月，在香港被陈济棠架空的胡汉民在他的旗下刊物发表了许崇清的审查意见书，香港报纸也大肆渲染许崇清反对陈济棠读经的新闻。陈济棠闻讯大怒，下令立即撤去许崇清省政府委员职务。许最后一项"虚职"也被撤去。

许氏家族传统的"伯夷"式的老脾气根深蒂固，他们这一代情愿"采薇"不食"周粟"，顽强地固守着民族的良知、社会的正义，每每到"浊浪排空"之时，他们就会舍命豁出去扮演着中流砥柱的悲剧角色，任由风浪冲击、拍打，任由沧海横流，许崇清哪会低眉折腰事权贵呢?作家伊妮慨叹："这是为中华民族道德人格教育所肩负的道义和责任。一介书生，不畏强暴，在恶势力横行、众皆沉默时，体现了许崇清的道德勇气和高洁人格。"

20世纪30年代，许氏家族整体从政治舞台中心退到边缘，不是归隐——像许崇济，就是赋闲——像许崇清，或是挂个有名无实的虚衔，像许崇灏。赋闲的许崇清继续从事学术研究，他批评姜琦的《教育哲学》，连续写了两篇论战性的文章，根据他对辩证唯物论的理解，认为教育不是一种技术，也不是个人对个人有意的行动，而是"社会发展的机能"。他反对把教育与生产力的概念混淆，指出"生产力是教育一方面的成果，而不是教育本身"。沉浸于学术海洋的许崇清又惬意、舒心起来，这才是他的兴奋点，生命的欢快可以在这里寻找。

1935年，许崇清曾出任戴季陶主持的国民政府考试院考选委员会的委员长。嗣后，陈济棠倒台，许崇清又再一次任广东省教育厅长。在任职期间，许整顿中小学校，大力开展农村教育。教育厅要求各中小学校要进行农村社会教育，对农民介绍科技知识，提高乡村教育水平。他先后在花县、南海、平洲、大沥等地开办教育服务实验区。

许崇清一家许多年在战乱中度过。1927年广州起义，他的家在市内文德东路，离国共激战的市公安局不远，附近还有座军火库。起义当天晚上，枪声阵阵，刚出生的儿子在楼上，廖夫人心感不妥，便慌忙将儿子抱下楼来。忽然一排子弹从远处扫射到楼上光亮之处，一排衣架全被打断，生死介乎分秒之间。

抗日战争爆发，1938年广州沦陷，许崇清撤退到粤北。1939年，中山大学迁到云南澄江，1940年许第二次被任命为中山大学代理校长。7月，许把中大迁往广东北部的乐昌坪石镇。两度搬迁的中大，损失严重，物资缺乏，生活艰苦，但学术思想却很活跃。许崇清聘任了不少进步学者到校任教，如洪深、李达、王亚南，他本人也亲自讲授辩证唯物论与历史唯物论。

许崇清代校长深得广大师生拥护，却引起国民党中央执行委员朱家骅及其一派的不满。他们向国民党考试院长戴季陶密告许"引用异党，危害中大"。教育部长陈立夫便于1941年免去许的校长职务。

许崇清又一次离开中大，仅挂了一个广东省政府委员的空衔。1941年后，他实际上"隐居"在第七战区编纂委员会的所在地韶关北面的一个山坡上。在这个广东最高军事机构中的出版单位——编纂委员会，他兼任主任，主持开展抗战和民主的宣传工作。他掩护并依靠该委员会里大批中共地下党员和进步人士，以他的名义而实际上由中共地下党主编的《新建设》《阵中文汇》《教育新时代》《学园》等期刊，被进步人士称为"黑夜中的几盏灯火"。

1944年到1945年，许崇清携带家属撤退到连县三江镇，稍后，中山大学部分师生也由坪石突围到这里。许崇清在他的临时住所，以床板为书桌，为逃难的学生授课。

抗战胜利，许崇清与家人回到久别的广州。这段时间，他在教学及研究方面更为活跃。他经常往返于广州、上海、苏州、南京之间，接受中山大学、苏州社会教育学院的聘请，讲授教育哲学和哲学概论，并在与学生的接触中支持学生的"反内战"运动。

1949年，许崇清离开广州，到香港与很多文化界的老朋友会面，此期间许相当兴奋与高兴。国民党腐朽政权的倒台和中华人民共和国成立，使他看到了新中国的希望，他参加了港九教育工作者庆祝共和国成立的大会，并呼吁"坚决和人民结合在一起，为建设统一、独立、繁荣、民主的新中国而斗争"。

这一年11月，许崇清回到解放后的广州，任广州市人民政府委员。随即受广东省军事管制委员会指派，接管私立广州大学，并任该校校长。1950年6月，他赴北京出席了第一次全国高等教育会议。

1951年，中央人民政府以毛泽东签名的委任状委任许崇清出任中山大学校长。几经曲折，他第三次回到中大，在该校师生欢迎会上，许激动地说："中大得有今天这样蓬勃的气象，正如春回大地，我们努力耕耘，今后的丰收是可以预期的。"

中山大学的校庆原为11月11日，许崇清建议将校庆日改为11月12日孙中山诞辰这一天，后经宋庆龄同意而实行。

从1949年至去世的近20年间，许崇清一直担任中山大学校长职务，并积极参与了国家的政治生活。他勉励即将参加祖国建设的学子们："在我们的历史上，显然从未有过这样富有意义的时代，无论哪个时代都未有过这样多的英勇壮烈的事迹。在这个时代，每一个年青人都将得到机会，最有效地去发挥自己所有的能力和才干、特性和美质。"五六十年代初，许崇清对教育问题发表了不少论著，阐述了一批独立而新鲜的见解。他认为："实现人的全面发展是无产阶级专政的历史任务，这种发展只有在消灭阶级及脑力劳动与体力劳动统一的历史过程中才能逐步实现。"1958年他对教育运动从哲学角度提出，"解决人民教育过程中内部矛盾的问题，应采取'渐进'形式进行。"不赞成那时的政治运动方式。60年代初，他在时事笔记中写道："如果不采取'断然行动来改进全国的农业，调整缓慢的工业增长以及促进消费品的生产'，而坚持走'偏重军事和基础工业，加强它在征服宇宙空间方面的建立威信的计划'，则会产生严重的后果。"30多年后苏联的瓦解，证实了许崇清的敏锐眼光。

被誉为"广东现代美术教育之父"的胡根天，是这样描写许崇清的学术与人生的："1915年，我在日本东京，开始与许老认识，是朋友中接触比较多的一个。许老的态度和作风是平易近人的，但又严峻难犯。个性比较恬静，头脑则常保持清醒。他在政治上、学术上对某些属于大是大非的原则问题，即使面对所谓权威，总是坚持真理，无所迁就，也无所畏惧，甚至牺牲个人利益，也毫不顾虑。"

作家伊妮说："所有这些，注定许崇清越来越成为一个不大受欢迎的人物。在接二连三的政治运动中，他虽然没有直接受到冲击，而且在广东一直受到尊敬，1963年还被任命为广东省副省长。表面上看官越做越大，荣誉也越来越高，但事实上，他的实际权力已经越来越削弱……"

自我懂事后，特别是经济困难时期，我才知道妈妈有个亲大伯父，住在中山大学，是个"大官"。那时母亲经常自己或是带着我们三兄妹往他家里跑。1958年至1961年那年月，是我家经济、生活陷入极端困难的岁月。母亲每到大伯父家只是坐或偶尔的哭，而每一次都得到这位大伯父一家的怜悯、抚慰，更得到几十元的资助。那时的母亲每次回来，都带回二三十元。二三十元那时简直是天文数字，足可使一家支撑好一段时日。每每得到资助，我们尤感惊异、喜悦、感激，觉得妈妈很了不起。小孩子的心目中感觉到这伯公的一家神秘而富有，伯公竟然可以每次施以那么大笔钱帮助我们，而且经常周济。长大了，才知道，其实那个时候的他们也同样处于节衣缩食的困难阶段，并不富有。完全是那种"贵族"人格和信奉慈悲为怀的家族传统基因为价值支撑，不相识的人，他们都会去爱，或许母亲朱太夫人的影子更在其中。

直至现在，我还记起少儿时崇清伯公对我们一家的雪中送炭，感恩之心永远贴在心上。有样学样，改革开放后，逢年过节我们就往中山大学许崇清的故居跑，探探大伯婆六薇、舅舅锡挥一家，表达我们的敬意与感恩。大伯婆故去，每年我们依然往崇清故居走去，那里是我们追思的地方，是终生感激、持以感恩和敬仰的地方。

20世纪80年代中期，我的好友屈慎宁在番禺的文物地摊里意外地捡到伯公的一帧书法条幅，四尺对开，装裱过，上下轴头，未有毁损。伯公的字在广东书法界早有名声，清秀，洒脱，强其骨性，很有文物价值。崇清伯公的书法像这样的条幅，子女们一幅收藏都没有，"文革"期间为躲避抄家，所藏的书画包括徐悲鸿、何香凝等等的名人手迹几十幅，因各种原因先后散失，舅舅锡挥说起来心痛。屈老前辈知我与伯公崇清的关系，主动提出送给锡挥，这真令我令舅舅一家大喜过望。屈慎宁的慷慨令我动容，又不舍他的"牺牲"，最后仍是坚持用我自己满意的精品作为交换，于是皆大欢喜。如今，这唯一的崇清书法遗物辗转反侧又回到伯公的故居，挂在墙上。唉，人与字都要经受风雨。许崇清81岁，正值"文化大革命"，身体虚弱的他仍免不了被押上批斗台，历经折腾，心力交瘁，于回家途中跌倒地上。数天后，许崇清感到心脏不适，呼吸困难。当时他身边的子女锡挥夫妇均已下放"干校"，家人急请校医救治，谁料医生亦全部被下放去干校接受"再教育",一位缺乏医学常识的护士值班,手忙脚乱之中一针注射下去,适得其反,转瞬间,可怜的老人便撒手人寰。

许崇清逝世11年后,1980年5月30日,在广东省政府礼堂隆重地举行了他的追悼会,宣布他受林彪"四人帮"迫害去世,表彰他对教育事业的重大贡献。在追悼会挽联中,"天丧斯文"一句特别深刻。

我的外祖父——许崇年

许崇年早期在粤军时专职是替许崇智背"水壶"，许崇智口渴，许崇年就把"水壶"递上，工作"轻松"、"简单"。后来看电影《列宁在1918》那个华西里列夫就是这号工作，专给列宁递"水壶"，因为递"水壶"是"要害部门"，粤军里他的职级为北伐军大元帅府前卫及总司令部中校副官，官虽小，却是大元帅孙中山及总司令许崇智的亲兵头目、贴身保镖（御前侍卫过去又称"黄马褂"、大内高手之类，是皇上最信任的一伙人，他是孙中山侍卫的领班，重中之重），来头却不小。外祖父在历次战争中史迹并未留下多少。最显本色的一次是在江西战役中，粤军大败，败得异常狼狈，孙中山手下第一爱将、粤军总司令许崇智经这一战，精神几乎崩溃，完全失去斗志。几天几夜的不睡少吃令这位首席指挥官疲惫、颓丧地瘫软在战场上，靠自身意志支撑难能走动。就是这位许崇年，把小个子总司令背负身上，且战且走，一坑一洼地跌跌撞撞地，冒着枪林弹雨跑了一天。待跑出了危险区，两个人死寂寂般全趴在地上，久久喘不过气，很久才有一转动。这个"华西里列夫"在生死关头也恪尽了"黄马褂"之责。作家伊妮在《千秋家国梦》中谈到许崇年有如下的描写：其实，许崇灏、许崇清还有个极富个性的弟弟许崇年，他们都是朱太夫人一母所生，他和他所有的许氏家族兄弟一样，自小崇尚革命，立志从戎救国。长成以后，显得魁伟高大，面色黧黑，神情威严。其性格也极风流倜傥，也刚正暴烈，特别爱好"打架"。

伊妮从《莫雄回忆录》中发现了许崇年一件"刀下留人"的戏剧性故事。1923年，旅长莫雄(曾为孙中山侍卫队长)受屈，孙中山未明真相，命人将其拘押，并下令推出枪毙。行刑队的兵正簇拥着五花大绑的莫雄鱼贯而出，所有将士十分惊愕。就在一字排开的行刑队正准备给莫旅长喂子弹的时候，从横处里杀出一人向行刑队长大吼一声："何十！丢那妈！你马上给我将这副'架撑'(指刑具、镣铐)除下来！他为革命立了那么多功。你够胆虐待他！""刀下留人"的文绉绉变成了泰山压顶的威迫式的断喝。行刑队长何十被他的吼声吓着一跳，回神中又吓一跳，怒目金刚的许崇年代表着粤军总司令许崇智，他慌忙解释是吴铁城局长的吩咐。崇年又马上去见吴铁城，之后，莫雄躲过一场杀身之祸。改革开放后，这位莫雄将军去世，到了2006年当局才将他最隐秘的一件人生大事公布出来。当年红军二万五千里长征与他有关，那就是红军的整个长征因他而起，因为他的主动涉密，把即将大规模围剿红军的军事会议计划通知给共产党，导致红军二万五千里的战略大转移。没有他甘冒杀头危险的义举，中国的历史可能改写。有时想来也觉得外祖父的历史很传奇与幽默，要不是他的血性、刚正，莫雄早人头落地，日后的历史，大概也没有二万五千里长征一事了。历史的吊诡、神秘，往往因为血液的冲动，神经一绷，血往脑冲，在外祖父、在莫雄都成为打开历史事件的"钥匙"。

伊妮又写道，北伐期间，许崇年经常光顾汉口的军政俱乐部。因国民党临时政府当时还能与各国驻武汉领事和平相处，故光顾俱乐部者也不乏各国洋人。一天晚上，俱乐部来了七国领事及武官饮酒跳舞。而许崇年一向对"红毛绿眼"的番鬼不满，又因为喝多了几杯酒，在舞池上与一洋人一言不合，闹将起来。鬼佬们又习惯于在中国趾高气扬、目空今古，混乱中不知是谁踩了谁一脚，更是风助火势，火星撞上地球。许崇年一把揪着那洋人问："要群殴，还是好汉般一对一开打？"那洋人当然不甘示弱："一对一！"于是，英国领事扑将过来，几个回合上下被许打得趴在地下，接连两三个鬼佬都被打得趴在地上，许崇年也气喘如牛，血流满面。输红了眼的洋人再也不摆君子风度了，"七国联军"领事武官围上来开涮许崇年，崇年不断招架，趁势往大门跑，一眼看到大门口围着许多黄包车夫，便大声呐喊："各位兄弟父老，你们想打倒帝国主义就跟我来，里面有几个帝国主义的坏蛋在作恶！"黄包车夫早已对横行霸道的外国人积有怨愤，此时见一血流满面的北伐军官向他们吆喝动手，众人怒从心中起，几十人一拥而上，彻底地结实地把"七国联军"打得叫爹喊娘，抱头鼠窜，几至酿成国际性的外交事件。事后，许崇年又一次在武汉大街上遇上开涮的英国领事，真是冤家路窄，仇人见面分外眼红，许崇年估计又一战了。谁知英国领事竟然笑吟吟地向许脱帽致敬："许将军，你好，不打不相识。"这大大出乎许的意料。许崇年日后谈到这事，又大大地乐了一回。

许崇年的"闹事"在生命中好像如影随形，从外闹到内。1932年，他辞去南京政府交通部航政司的职务，回到故里。许氏这个大宅门已是风雨飘摇，衰落颓败。他不忍看到"祖宗家业"就此毁于一旦，自视有力挽狂澜之气概，竟被公推出、自己也乐意掌管家族事务。人性的善与恶在环境的兴旺或衰落中永远在随时变异，家族历经百多年，族人良莠不齐，各想各法；更有堕落成性、自暴自弃，赌徒酒鬼，谋着祖宗遗传的仍有一些可怜的族产，各自虎视眈眈；违法犯禁，嫖娼赌博，大宅门已是眼看破败；拆公产盗卖，强占公屋引地痞流氓匿居其间。这种"公产"式的体制，"最为合理的犹是平均分掉"。这位"大宅门的总理"上任之前，"分产"之声已经不绝于耳。许崇年想学王熙凤，整顿大观园，他竭全力，绞脑汁，修葺危房，整理债务。划清公产私产界线，迫令占公物的迁出，回收，一边又"扩大再生产"，在家庙周围出租公屋"以文养文"。可怜许崇年，他的法国大革命的"欧文""傅立叶"式的理想主义经不起"人性"私心一闪念的折腾，很快"改革"破产。他不是王安石，有宋神宗在背后撑腰。他又不是孙中山，有个共同理想的政党，有军队权力来维系。他是孤身一人，众人不论善恶都眼睁睁地看着"公产"这块肥猪肉，都想方设法多占、多吃。人性如此，理想主义的破产也只是时间问题。不料，"总理"的破产失败却来得如此之快。

1947年的秋天，许氏家族大规模的祭祀活动结束。数百号人围坐大厅吃祭祖饭。许崇灏、许崇清、许崇年为那时家族中的"新贵"，也列坐其中。子弟中忽然有人拍案而起，一帮"弱势群体"带头起哄，指责许崇年"假公济私，私吞族内财产，账目不明，有贪污之嫌"，要许崇年当场坦白交代。许崇年性情暴烈，受这般委屈如五雷轰顶，想不到"反改革"的"在野党"有此狠毒一招。这个憨直之人只有一法，就是与之大闹，结果是越闹越混乱，有人趁机制造"动乱"掀翻饭桌，摔盆丢杯，场面有如各式街头示威之警民冲突。许崇清生气了，喝止着不肖。许崇灏震怒了，用拐杖从高空中向桌面击下，"啪"的一声，全族人统统吓呆了，以为有人掏枪开火。这位经历辛亥革命的卫戍总司令一声断喝："还像个什么样子！"这句断唱成了"大闹家庙"的休止符，许崇灏的威严可见一斑。

朱太夫人生的三个儿子，同在"大闹家庙"中积极表演，无他，都想支撑这间"大厦"于不倒，免致故去时难以面对地府里的五宗六祖。可惜都归于失败，眼白白地看着家族像"美国世贸大楼"般崩塌。

三兄弟中，许崇灏威严，胡子极为帅气，许崇清清秀，一脸的文静，唯独这最小的弟弟许崇年模样极其霸气，有点"动物世界"的凶猛。前些年，表弟许子皓把他老人家的自述简历表从香港取了回来，一看，原来还当过孙中山大元帅的前卫。何谓"前卫"?足球有左右后卫、中锋、前锋，而许却是"前卫"，即是舞台上锣鼓一响，又着一手，横身一手背插着旗，用碎步急匆匆先上台前的兵卒，广州人谓之出又出先、死又死先的那种。不过，这种保镖的干活，干在孙中山的身前马后，当张保、雷横之类也不辱没祖宗。于是我想到"马前卒"这三字名堂，活画出许崇年的职业，而且是孙中山大元帅的。于是我又想到许崇年的这块"名牌"效应，经商，办一间"镖局"，保证信誉称著，财源滚滚。

三兄弟同在孙中山身边，同受孙中山哺育，有知遇之恩，同与蒋介石平起平坐，加上自持及重义轻利的"贵族气"，性格上同样严峻难犯。之后，三兄弟在蒋家王朝同受排挤，不被重用也是顺理成章的事了。

许崇年的"改革"，改来了满肚子委屈，他不明白这种"大锅饭"式的大观园"三代而亡""五世而斩"，两千年历史的运转，实践检验真理，是一种必然的规律。他要强出头，他对家族的忠诚与良知变成了《红楼梦》中的焦大，被小的们喂了一嘴马粪。许氏家族的崩溃从"大闹家庙"这个戏剧性的事件的演出变得无可奈何。而一生充满戏剧性的许崇年实属一位悲剧的主角。作家伊妮说他是家族彻底衰落的见证人，所以在家族中他占有特殊位置，他是家族改革派失败的先驱。他曾任过广东地区东路讨贼军宪兵指挥官、交通部航政司司长、军粮局长等职。新中国成立，他去了香港。晚年看破红尘，出家于香港普济禅寺，彻底地坐上蒲团念其阿弥陀佛。

1985年，许定华舅舅带着我和表弟许子皓到外祖父坟前上香。荃湾山间的暮鼓钟声给我以神秘，穿过庙宇的后门，来到普济寺山后的一个小山冈。在长满半身高的杂草丛中，我们寻找到他的小墓，荒草萋萋山风紧紧，猎猎的风声更增添我有点悲凉的思念。许崇年就这样天天闻着草叫风喊，默默地躺在这里。据说这山冈墓地是寺庙的私产，能够在这里占上几平米，已不是等闲之辈，那时香港的地价，一平方就兴许要你十万八万元。许崇年躺在这里，不用花半分毫厘。阿弥陀佛！

母亲的叔叔——许济

许崇济读书时更名为许济，是粤军一名铁血战将。1918年援闽战役，粤军进迫厦门，会战于同安，双方杀得天昏地黑，对方阵地一枪打来，子弹从许济的肩胛骨下穿出，把他身后的卫士打死，他却奇迹地活过来，因为"打不死"，被军内视为"战神"。

晚清，朱太夫人生怕几兄弟受当时广州败坏的社会风气污染，分别把许崇灏、许崇清送南京，许济送河南许崇贵处就读。许济学文不成，投军习武，考取南京弁目养成所，毕业后作为徐绍桢的学生被派赴第九镇任骑兵见习士官。不久，许济又被分派到绿营防军徐淮巡防马步全军统领胡令宣手下，为第一营哨官。

1911年，辛亥首义成功，南京清军岌岌可危，两江总督张人骏为加强对新军防范，急调胡令宣军入宁，许济亦随胡守卫两江总督署。

11月13日，上海江浙联军以徐绍桢为司令，进攻南京，在麒麟门，两军相逢，仗打得激烈，清军被歼千余，统领王有宏被击毙。是日下午，前方捕获江浙联军顾问史光久，许济密请胡令宣莫杀莫解，可留与谋响应，胡即应允。临夜史光久率胡令宣、许济走谒徐绍桢。次晨，城内清军纷纷扯白旗投诚，胡与许亦随徐司令由太平门进城，联军占领南京。

孙中山就任临时大总统，许济时任南京西南区骑兵队队长，又调任陆军第一师第三营营副。二次革命失败，南京失守。1914年经崇智介绍，许济加入中华革命党，发誓牺牲一切，服从孙中山。1915年，孙中山派许济赴山东潍县，在讨袁东北军居正军中任参谋。1917年，国会非常会议推举孙中山为大元帅，组织中华民国军政府，许在参军处任科长。年底，援闽粤军成立，许任第二支队司令部副官长兼卫队督带。1918年，援闽粤军进迫厦门，许在战斗中负重伤，伤愈升为第15团团长。

1919年，粤军扩展到100多个营，两万人，旋分两军辖四个旅，因军功，许济升任第八旅旅长。

1920年，孙中山决心以粤军回师广东，驱逐桂系，开展国民革命运动。许济率第八旅随粤军回广东。10月28日，粤军攻克广州，大败桂系军阀岑春煊。

1921年，许济参加"援桂"战役。8月10日，国会非常会议通过出师北伐。10月15日，孙中山由广州乘宝璧军舰出巡广西，许济率第15团随从警卫，随中山先生赴梧州，往南宁，抵桂林参加中央会议。

1922年邓铿被刺杀，各军回师广东。粤军改道从韶关指向赣南、信丰。许济第七旅与陆学文旅攻敌右侧，许袭敌于牛牙蚜，将赣督袁氏模范军总指挥部击溃，直扑赣州城。1923年，许济率军上杭，收复焦岭、梅县、兴宁、五华，直攻惠州，陈炯明被迫逃港。1925年，东征开始，由蒋介石率领张民达、许济、余膺扬及黄埔军校教导团向博罗、增城进攻。大败洪兆麟部，遂取三多祝战役胜利；此后东征军进占海丰，许所属三团收复普宁、揭阳、兴宁、奔袭潮州，未几攻克潮州。不久，东征军占领汕头。许济又随张民达入闽进剿，时敌军从揭阳包抄，围困东征军一部，许崇智急电许济星夜驰援。许旅直扑揭阳、普宁交界之鲤湖，被包围的东征军正在危急之际，突见许军从后发起攻击，围敌措手不及，被歼甚众。嗣后，黄埔教导团又杀至，和顺之围遂解。这是东征著名的"锦湖大捷"。惠州被东征军解放，第一次东征之役胜利结束。许济因打仗刚猛、迅疾，大受苏联顾问加伦将军的赞赏，此役许升任师长再兼军事委员会少将参议。5月，粤军回师广州，平定杨希闵、刘震寰叛军。其中四师许济从东潮梅直抵广州东郊，西路李济深、北路谭延闿、南路李福林四路夹击，以4天时间，大败杨、刘部，夺回广州。

9月，突发廖案，粤军总司令许崇智被驱逐，许济师同时被缴械，他本人被革职，一代名将因政治阴谋从此一蹶不振，退归林下。许崇智蒙难的最困难的日子，许济作为堂弟也不顾自己身处落魄，一直陪伴着左右寸步不离，两位难兄难弟相濡以沫，许济表现出为世人歌颂的"贫贱不移"的大丈夫气概。从1926年，许济夫妇就一直埋名躬耕于杭州的叶婆桥下。

许济从顶峰跌进深渊的人生转变，可谓一落千丈，然而他耐得住寂寞。叶婆桥远离繁华，简直是个深山沟，山沟里住着一位东征名将。日常他种种瓜菜，看看书，乐天安命，与世无争，孩儿们也学会务农，靠杭州太庙巷仍有一间屋子出租的微薄收入支撑一家大小生活。其实许济从轰轰烈烈的热血革命到无声无息的田园归隐，做着的是人世间最难为的事。1932年抗战军起，面对日寇的侵略，老将军坐不住了，许济回粤致电蒋光鼐、蔡廷楷，愿在粤招集旧部支援19路军在沪抗日。岂料陈济棠因忌妒而从中排挤，使许彻底失望。据作家伊妮考证："全国解放后，他因在杭州买有田地，被划为中农。"镇反时他被当地民兵用枪押解往乡公所查问，老将军老脾气又犯了，竟也不顾利害地把民兵的枪夺去，当地领导好言相劝，才得以走出家门，结果查询了两日才放出，结论为孙中山国民革命期间与蒋政权划清界线，不入"历史反革命"范畴。50年代初期，陈毅曾写信给他，让他到政协做事，许终因对政治淡漠，没有答应。1960年初，正是国家经济困难时期，许济夫妇因年老体衰，生活无着，只得跟着女儿到湖南水口山矿务局落户。与他同生死的战友李济深探亲路过湖南，顾不得年纪已大，在山岭中颠扑了一天来见故人许济，两个老人激动得哆嗦不已。看到许的困境，李济深伤感，嘱老友写一份自述替他找出路。待许济写完自述，李济深去世的噩耗也跟着传来，许济望北痛哭。1962年，许济全身水肿，终于病死。水口山矿务局统战部为许送上棺木，多少也给悲凉的家属们带来些许安慰与暖意。

母亲的叔伯父——许崇智

许崇智祖父许应鲲，父许炳衡，均署朝议大夫，福建补用通判。他3岁丧父，8岁丧母，在童年就尝够了悲苦。1901年，许崇智得到叔祖父许应骙(任闽浙总督)的提携，与弟弟许崇仪一起往马尾船政学堂就读，次年又往日本士官学校第二期学习，与阎锡山、张绍曾以及日军占领香港的总督矶谷廉介均为同期同学。在日本，许崇智深受孙中山、黄兴的革命思想影响。1904年，许崇智毕业回国，18岁就出任福建武备学堂总教习。国民党元老邹鲁在《中国国民党史》中称赞许崇智："那时，他富于革命思想，年龄最轻，而天才开展，决心极快。即主持校务，遂于教授军事学术之余，灌输各学生以革命思想及理论。"18岁便老成持重，能文能武，已成为军事学堂总统领。

两年间，许在新军中得以升迁，从总教习直至新军第10镇标统至第20协协统。1906年，许加入同盟会，成为福建起义响应革命的主要人物。在许的宣传鼓动下，他的部队各级军官，也一起加入同盟会。其时福建新军"蠢蠢欲动"，就差未有导火线引爆而已。1911年10月10日武昌首义，辛亥革命第一枪打响。不久，湖南响应，消息传至福建，10镇各级军官相继加盟。许欲组织新军响应，此时，新军镇统孙道仁迟疑不决，孙曾受许崇智叔祖许应骙之恩惠，情理相牵扯，许崇智乃约孙道仁于闽江舟上，软硬兼施，迫其起义，孙被迫加入同盟会。辛亥年11月9日，孙被推为都督，许为起义军前敌总指挥，宣布福建新军起义，于是就有了炮轰将军衙门"龙旗"的一幕。

1912年1月1日，南京临时政府成立，孙中山就任临时大总统，改编福建第一师为全国陆军第14师，许崇智任14师师长，福建北伐军总司令。北伐因清帝逊位而折回。同年8月，同盟会改组为国民党，他即参加。

从1911年福建起义到1925年，许崇智大都在枪林弹雨、战火纷飞的阵地上度过，以下列举他在各战场上的表现，也许会加深人们对这位少年得志、曾为粤军总司令的历史人物的认识。

二次革命：

袁世凯借所谓"停战议和"之机，采用了各种卑鄙手段，暗杀、贿赂、笼络、出卖、离间，不断打击革命党人，夺取了许多革命党人控制的战略要地。为了铲除革命势力，他企图收买许崇智，电召许赴京，邀他兴兵拥袁，许断然拒绝。1913年4月间许回福建开展反袁活动，7月，通电宣告福建独立，他为福建讨袁军总司令。由于弹饷两缺，未能北上，"二次革命"失败，他被迫避难于上海租界，后流亡日本。在日本期间，中华革命党成立，他任军务部长兼福建司令，成为孙中山的主要助手。

反袁战争：

1915年他以军务部长身份赴南洋筹集"革命公债"取得成果。是年回国参加反袁武装起义，任东北军参谋长，其时总司令为居正。翌年，许的东北军在胶济铁路节节南进，势如破竹，威震华北，令山东督军靳云鹏辞职。

护法战争：

1917年，他随孙中山南下广州，主理一切军机事务，任元帅府参军长。1917年成立援闽粤军，陈炯明为总司令，许崇智任二支队司令，率军进攻福建。许率二队为左翼攻克上杭、武平，并支援一支队克复永定，粤军自此突破闽军第一防线，占领闽南26个县。1919年10月，孙中山宣布改中华革命党为中国国民党，援闽粤军全体加入，成为最早的党军。

驱逐桂系及岑春煊之战：

1920年，许指挥部队扫荡闽南的浙军陈肇英及福建地方军张肇贞部，解除回广东的后顾之忧。按孙中山令回师广东，他任右翼总指挥，连克大埔蕉岭、兴宁、梅县，在河源与桂军沈鸿英遭遇，苦战经月，遂攻占河源。同年10月，粤军占领广州，许崇智亲赴上海，欢迎孙中山来粤。孙中山南下广州后，重组军政府，许为粤军第二军军长兼前敌总指挥，成为孙中山军队中的嫡系。

西征陆荣廷：

1920年，广西军阀陆荣廷反攻广东，得到北洋军阀直系的支持。孙中山就任中华民国大总统，决定西征讨陆，令陈炯明部队向广西进发。6月，粤三路军攻桂林，许崇智为右翼指挥，沿四会、广宁取贺县，直攻桂林。左中两路亦节节胜利进入广西，全歼桂军主力。陆荣廷、岑春煊逃亡。9月，两广统一。

北伐与陈炯明叛变：

1922年，许崇智为北伐军总指挥兼右翼总指挥进击赣州。6月攻克赣州和吉安，正要直下南昌，就在这时陈炯明炮轰越秀山总统府，公开叛变革命。孙中山指示北伐军回粤平叛。许崇智急如星火地直取韶关，后因腹背受敌，退到会昌瑞金，第一次北伐流产。

1923年两次被围遇险：

1923年，滇桂联军击败陈炯明叛军攻占广州。孙中山令许崇智回广东，许率部于揭阳、兴宁一带突被陈部、洪兆麟、林虎拦腰截击，许部未作防范，损失惨重。许在枫溪被包围，幸得警卫营拼死抵抗护卫才得以逃脱，最后收罗残部不足万人于博罗。同年7月，孙中山再部署东征陈炯明，许以新败之师正要向河源老隆进击，陈炯明派兵出击许于博罗，许被围十余日，险象环生，生死未卜，此为许崇智两次人生难关。俟粤军第一师增援才得以解围。许遂转回广州。1923年冬，建国粤军成立，许崇智任建国粤军总司令，成为当时国民党中军事职务最高的粤军将领。

第一次东征：

1925年初，广东革命政府发动第一次东征，讨伐陈炯明，许崇智率粤军右翼，由广九铁路向石龙前进，直扑平山、淡水陈炯明老巢。2月7日，许亲赴东江督战，一战克平山，二战克淡水，全歼叛军叶举部。此时受唐继尧发兵东下影响，桂滇两军徘徊不前，许遂在白芒花召开军事会议，蒋介石、张民达、许济、莫雄、周恩来、叶剑英、苏俄顾问加伦将军等反复讨论，决定直下海陆丰，粤军的冒险而进使惠州不战而降。许部于是进驻汕头，第一次东征胜利结束。

广九沿线及广州郊区之役：

1925年3月，孙中山逝世于北京。6月，桂军刘震寰部及滇军杨希闵部与吴佩孚、陈炯明勾结，移兵广州，企图推翻革命政府。遭遇国丧的许崇智悲痛之余，猛志陡增，他与其他将领一道率东征军回师广州及广九沿线，得广东工农群众协助，全歼刘、杨两部，取得大捷。此时的许崇智受到广州军民的欢迎，以汪精卫为首的数十位军政要员大排长龙，在天字码头为许接风。许步入人生最鼎盛的时期，从国民党总部军事部长，跃至军政部长、军事委员会委员，兼广东省政府主席，军事厅厅长，成为国民政府五名常务委员(胡汉民、林森、谭延闿、汪精卫、许崇智)之一。但五常委中胡、汪、许都万万没有想到，当时连委员都不是的蒋介石，日后在政争中让他们吃尽苦头。

　　蒋介石的发迹，是从许崇智这棵树爬上去的。他们曾在中华革命党时就成为拜把兄弟。1920年，许崇智任军长，安排蒋介石任粤军第一师参谋长，自此蒋得以与孙中山接触，许亦对蒋言听计从。而参谋长只是首席军事幕僚而无兵权，蒋的野心岂止做个"诸葛亮"?1923年，许任粤军总司令，擢蒋为参谋长，两人更过从甚密。蒋每次见许，必立正敬礼，口称"总司令"，并曾表白"我是你的最忠实的下属，海枯石烂，此心不变"。蒋对许的家人也备加照顾，见着许的儿女们，必抱起以示慈爱。许崇智对这个"忠心"的部下，更是推心置腹。他对孙中山忠勇，以为蒋对自己也如此，常常迁就于蒋，甚至公开向各将领宣告："服从总司令，就要服从总参谋长，以后凡总司令的命令，无论盖的是许崇智或蒋介石印章，都同样有效。"最后的防人之心都解除了。他的两位兄弟当时也在军中，许崇灏当时为粤军顾问，许崇年为粤军中校副官，他们对蒋早有警惕，时常在许崇智身边提醒他对蒋要注意。许崇年憨直暴躁，常与蒋介石争执，甚至动过手脚，蒋却"能屈能伸"避过锋芒，忍却一时之气。建立黄埔军校，许崇智推荐蒋介石当校长，许崇灏极力反对，他对许崇智说："你应极力担任，如恐精神不能兼顾，则不妨担任名义，余为帮办以辅助之。"许崇灏深知蒋为人，也深知黄埔军校日后的意义，极力想挤进去以为内应以为监督，生怕权力旁落。许崇智忠勇、豪侠、自傲，浪漫不羁，政治头脑简单。对蒋的绝对信任使他以"兄弟在一起不好"为由拒绝许崇灏。结果，待到廖仲恺被刺，许的部属梁鸿楷、招桂章等因与刺廖有关被捕，使许崇智处于涉嫌被动地位。蒋介石在汪精卫的支持下，用黄埔学生军解除了许的兵权，军队包围许宅，监视其居住。蒋用许崇智手令使许崇智的嫡系许济、莫雄两师双双缴械，逮捕许的多位亲信，全面剪除了许的羽翼。是晚，蒋写亲笔信给许："粤军已有变动，请总司令到上海暂避一下，由我代为安排整顿，六个月后再请回来共同主持北伐……皇天后土，实所共鉴。"许被迫离穗赴沪，住进租界。自此，在皇天后土人神共鉴的誓言下，许崇智跌进人生的谷底，退出政治舞台。

1927年，许被迫出洋考察。此后，许崇智与蒋介石仍称兄道弟，但早已貌合神离。

1931年，国民党第四次全国代表大会，许被选为中央监察委员兼任监察院副院长，挂的是闲职，许也没有到任。1939年，上海沦陷，许抵香港，即向记者发表声明，准备共赴国难。1940年冬，一腔热血准备为抗战出力的许与杜月笙齐飞重庆，因不愿做蒋介石傀儡，两周后回到香港。

1941年，日军进攻香港，他与重庆联系，请派飞机接回重庆未成。许被日军捕获。蒋介石即在报纸公布解除他监察院副院长一职。

1945年8月，日本投降，许通电吴稚晖、张发奎，表示愿意返回国内。蒋复电同意。年底，许回广州，蒋命张发奎给予最热烈的接待。嗣后蒋委许为"资政"，许崇智又一次大失所望，旋即返回上海与居正、吴铁城、戴季陶、吴稚晖、陈仪等组织成功贸易公司，专事台湾贸易。未几，国民党兵败，中国共产党在大陆取得决定性胜利，许的公司因经营不善也跟着倒闭。

大陆解放后，许曾在香港搞"第三路线"政治活动，不久也以失败告终。这时他政治失意，穷困潦倒。在香港沦陷时曾得到他慷慨接济的许应骙后人，反过来不断接济他。许崇智此后在香港常以打麻将消遣，直至1965年去世。

1992年，广州作家伊妮为写许氏家族史《千秋家国梦》到香港寻觅许家有关踪迹及故事，发现许崇智的骨殖葬于香港"寺莲净苑"的佛教建筑物"会海塔"中。她说：那座"会海塔"其实是一间极其简陋的水泥建筑物，里面阴暗潮湿，许的尸骨就在密密麻麻的比一尺见方还要小的龛中，编码为"194号"。中华民国的开国元勋蜷缩在那里。伊妮打着手电筒，才辨认出那块小小的水泥板上写着："先考许公崇智府君之莲座"。伊妮感叹许崇智的死后寂静无闻，感叹历史与现实的不公，与其堂弟许崇清的骨灰安放于广州革命公墓堂皇的正厅相比较，实为天壤之别。然而，仁者见仁，智者见智，就骨殖归所而论，有些革命元勋的骨灰洒向江河大海，不是连墓穴也没有么?躺在佛寺"会海塔"的许崇智有密密麻麻的老百姓陪伴，岂不快乐?

母亲的姑姑——许广平

周海婴《鲁迅与我七十年》中曾谈到母亲许广平在"文革"中的遭遇和心境："事实上，在'文革'中，我们住的景山东前街7号，与李初梨西隔壁相邻，得知李家遭到抄、砸，破坏严重，母亲（许广平）思想上怎么也想不通，同时也开始为自身的安全担心，和我商量怎样避免红卫兵闯进我家来造反。按当时的风气，唯一的办法就是高挂、多挂毛主席像和语录。因此一时间，我们家里的镜框都覆盖了毛主席语录，家里的'四旧'属于我的不少，为了避免讲不清惹来祸害，遂将我日常摆弄的那些无线电零件、电子管、外国古典音乐唱片统统交给我的大孩子去砸……还有孩子们喜爱的小人书、连环画册和外国童话故事书，全卖给了废品站，为此他们伤心了好几天。院子里原来种着好些耐寒花木也统统挖掉，改种向日葵、玉米和蓖麻。每逢母亲要外出，我们怕她年老遗忘，总要检查她胸前的毛主席像章是否佩带端正，'红宝书'（毛主席语录）是否放在随身小拎包里……在这惶惶不安的日子里，母亲的身体愈加衰弱，经常心率过缓，心绞痛频频发作……"

许广平在五六十年代经常与被打成右派的侄儿许锡玉通信。她最爱这个侄儿，然而这个侄儿又是个"不争气"的侄儿，我们从她给侄儿的信中也可看到她已是老实地，完全地接受那时的时尚思潮，既要端正自己的认识又要端正侄儿的认识。

"……望好好努力，热爱人民，热爱劳动，把你今天所做的正确认识，努力使之巩固，开始也许不自然，久之，自觉不勉强，你能热爱劳动与群众在一起，群众与你休戚与共，结为一体……丢掉知识分子的破包袱，自然会走向真正的人民大道，走向社会主义……"

"我说：看论语不能解决现在的问题，我劝你看报纸，你现在还在看报纸吗？我劝你留心时事，扩大你的思想，你有没有照做，我好好劝你，你争气我也体面，你不争气，总是把你自己的事推在我身上解决，我怎能照办哩？比如你的女儿，在铁路上学工，未必找不到，你却要我替你找学徒做起。你的环境，学农业不见得不好，而你却要卖去手表供小孩读书，你可知道读完毕业还是要下乡参加劳动，这是党的政策，是把知识带到农村去。而你却迷信万般皆下品，唯有读书高的旧思想，我能如你意吗？我依了你，就是你要我犯错误……"

从周海婴的回忆，到50年代她给侄儿的两封信，我们见到年青的与晚年的许广平。"文革"中她也处于惶恐之中，50年代她也步步小心谨慎，怕犯错误，晚年的许广平与五四运动那匹无所畏惧所向无敌的"黑马"，反差之大，足可叹世事的无常和时尚潮流之不可阻挡。那末，解放后，时尚潮流对鲁迅又如何哩？据周海婴《鲁迅与我七十年》披露，湖南罗稷南向毛主席提出了一个大胆假设：要是鲁迅今天还活着，他可能怎样？毛主席沉思片刻，回答说：以我的估计，（鲁迅）要么是关在牢里还是要写，要么他"识大体不作声"。海婴写道，罗稷南先生顿时惊出一身冷汗，不敢再作声。

许广平的父亲为许应锵的第17个孩子，名字炳枟，因为庶出，又因为他爱抽大烟、酗酒和不善经营，在家族中变成无能与败家的形象，一直被歧视和无所作为。母亲是澳门华侨的女儿，懂医道，善诗词，由于家境困穷，他们一家常以借债来虚撑门面。

戊戌变法那年，许广平呱呱坠地，哭声异常宏亮，并遗尿于母腹之中，旧时认为这是"不祥"现象，日后会"克死父母"。两夫妇见到这个"不祥之物"，烦恼异常，曾想将她送给别人。刚落地三天，其父乘着酒兴，"以碰杯为婚"将她许配给了一个吊儿郎当的劣绅酒鬼。

8岁那年，母亲迫着她裹足。据说她母亲的一双小脚可以踩在油碟子里，小得无法支撑高大肥胖的身躯，要丫头扶着才能迈步。许广平不愿意，大哭大闹，死命挣扎。结果这种惨酷的情景连父亲见了也于心不忍，帮她剪开缠得严严实实的布带，抱到祖母处，最后母亲只好妥协。

许广平生下来就充满叛逆性。私塾读书，父亲不许她学蓝田官话，认为女孩南腔北调惹人笑话，许广平顽强地加以对抗和坚持，父亲也只好作罢；十二三岁时，她明确地抗拒包办婚姻，几番抗争；她从不施脂粉，不穿绸衣，不戴首饰。按习俗，女子不戴耳环表示丧亲，许照样不戴耳环，弄得父母无奈与反感。她在《两地书》里曾追忆少年时道："因为渴慕新书，往往与小妹日走十余里到城外购取；又好读'扶弱图强'等故事，更幻想学得剑术，以除尽天下不平事。"少年时的许广平已养成一种"丈夫"气，活脱脱是一个小秋瑾。

1911年母亲去世。1917年父亲又得病离去。她在二哥的帮助下挣脱了封建婚姻的桎梏，与二哥一起投奔天津的姑母。她以出售家藏字画分得200元作学费，考取天津直隶北洋第一女子师范学校。第二年，升入本科，并因学习成绩优异而获取公费。

早在青少年时，许广平就在大哥、留日学生许崇禧的影响下，接受进步及民主思想，对孙中山、黄兴的革命思想日渐向往。在天津北洋女师，许广平积极投身五四运动爱国反帝反封建的斗争，她主编《醒世周刊》，使之成为天津女界爱国同志会反帝反封建的精神阵地。在校中她结识了邓颖超、郭隆真、刘清扬等中国妇女运动的领袖人物，结下了深厚的友谊。

在周恩来等人的领导下，许广平参加了南开广场的万人集会，用旗杆作武器，冲破武装警察和马队的包围到警察厅声讨厅长杨以德殴打爱国民众的暴行。在"五·七"国耻纪念日，许广平和同学们不顾校方的阻挠，冲出校门参加纪念大会，并在各方支持下，迫使学校取消开除他们学籍的示牌。许广平在那个时候深受民主与自由的思想影响，在"天下兴亡，匹夫有责"的国难当头是何等地奋不顾身，激情沸腾。年轻的她对生命的认知异常慷慨，对国家、民族的未来充满向往，为了理想，她甘洒一腔热血。

1922年许广平以优异成绩毕业于天津女师，1923年考入北京国立女子高等师范学校。为了维持学业，她担任了外交部某司长两个儿子的家庭教师。北京女师在城西，外交部司长的住宅在船板胡同，每晚往返，历尽寒暑之苦。以微薄的半工半读收入还要支付车费、生活费、学费、药费，年轻的许广平相当艰难。

这一年，43岁的鲁迅就教于北京女师国文系。闻他上课，教室便座无虚席，有时连走廊窗台都坐满了人。

"一个黑影子投进教室来了。首先惹人注意的是他那大约有两寸长的头发，粗而且硬，笔挺的树立着，真当得'怒发冲冠'的冲字。……褐色的暗绿夹袍，褪色的黑马褂，差不多打成一片。手弯上，衣身上的许多补钉，则炫着异样的新鲜色彩……皮鞋的四周也满是补钉。人又滑落，常从讲坛跳上跳下，因此两个膝盖子的大补钉，也掩盖不住。一句话说完：一团的黑。"许广平第一次这样形容鲁迅——鲁迅的每一个动作，每句话，都强烈地吸引她，牵动她，为鲁迅的博学，思想的深刻所征服。

1924年，北京女师大爆发了反抗校长杨荫榆推行奴化教育的学生运动。许广平与林卓凤商议以"一个小学生"的身份跟教诲她们两年的鲁迅先生进行第一次通信。信中陈述了"许多怀疑而愤懑不平久蓄于中的话",请求鲁给予她"真切明白的指引"。鲁迅即以"广平兄"的称呼热情地给以回信。从此,鲁迅成了许广平的导师和领路人。

在鲁迅的指引下,担任着女师大学生总干事的许广平,在"驱杨"一度处于低潮的情况下挺身而出,许家多血质的基因又借故爆发,结果因此而成了女师大学生运动的领头羊。她多次发表文章揭露校长的倒行逆施,号召女师大学生再接再厉,万不能姑息养奸。在1925年5月7日,女师大召开"国耻"纪念日演讲大会,杨荫榆企图登台讲演,许广平和刘和珍迎面向杨走去,大声说:"杨先生请留步。"两人带头坚决要校长离场。这种位置颠倒的史无前例的举动使杨难以接受,恼羞成怒,两天后,以"闹事"为由宣告开除许广平等6名学生的学籍,以免"害群"。"害群之马"是鲁迅送给许广平的笑称。自此就一直以"害马"称许,这为后话。学生们并不示弱,他们把校内公告撕下,公举许广平代表全体学生查封校长办公室、藏室、秘书室,不承认杨为校长,不准杨进校。事情越闹越大,杨荫榆动了"恶"念,去电引来武装警察封锁校门,停伙、停电、停水;教育总长章士钊派军警武装接管,硬把学生关在一所补习学校,制造了全国有名的"八·一"惨案。鲁迅冒着被捉拿的风险,营救学生,把许广平等几位骨干藏在自己家中南屋,并联络马裕藻、沈尹默、李泰芬,钱玄同、沈兼士、周作人等六位知名教授,在《京报》发表了《北京女师大风潮宣言》,不断地写文章抨击揭露章士钊、杨荫榆镇压学生运动的丑恶。1926年,在强大的社会舆论的压力下,在女师大师生们决不屈服的斗争下,章士钊逃到天津、杨荫榆被解职。女师大在原址复课。

在女师大学潮中,许广平除了置身于学生运动的最前列外,还在鲁迅的帮助下,勇敢地投入思想文化战线的斗争,写下了大量揭露段祺瑞北洋军阀罪行的战斗檄文，源源不断在鲁迅主编的《莽原》杂志上发表。她还热忱地支持鲁迅的创作与研究，经常帮助鲁迅校对和抄写稿件。

1925年3月至9月，许广平和他的老师鲁迅先生就互相通了40多封信，友谊和感情在思想交流中萌发，许广平也成了鲁迅家中的常客。今天，我们从《两地书》中便可发觉，在那患难的相濡相助中，许广平与鲁迅两人之间的爱情种子在萌发，生长。许广平在《风子是我的爱》中向传统礼教挑战："它——风子——承认我战胜了！甘于做我的俘虏了！即使风子有它自己的伟大，有它自己的地位，藐小的我既然蒙它殷殷握手，不自量也罢！不相当也罢！同类也罢！异类也罢！合法也罢，不合法也罢！这都于我们不相干……总之，风子是我的爱。"由于许广平与鲁迅都深受封建包办婚姻之害，遭遇共同，他们不慑于"人世间的冷漠、压迫、不畏惧'卫道者'的'猛烈袭击'、'一心一意'向着爱的方向奔驰"。作家伊妮形容许广平以多么巨大的勇气，多么宽广的胸怀，多么无私的奉献、投身去拥抱一个伟大而孤独的灵魂。

1926年7月，许广平在北京女师大毕业，经熟人推荐，准备回广州广东女子师范学校任教；鲁迅由于北洋政府的通缉和迫害，接受了厦门大学国文系的聘请，到革命风暴席卷的南方，因此他们联袂南下，并约定好好为社会服务两年，用战斗开拓未来的新生活。

9月6日，许广平抵广州，回到了她的故乡、故居，任广东省第一女子师范学校训育主任兼舍监，并在邓颖超领导下从事妇女运动，在省妇女运动人员训练所任教。在女子师范学校，她坚决支持左派学生反对右派学生把持学生会进行违法选举学生代表的斗争，组织特别裁判委员会，果断地宣布选举无效，先后将无理取闹的两名右派学生骨干开除出校。但由于国民党一些人的干预，校长被迫辞职，学校欠薪，教职员相率辞走，许广平无法支撑残局，只好也辞去校内一切职务。

1927年1月，鲁迅不堪厦大的陈腐，应聘于中山大学任校务主任兼文学系主任，许广平任他的助教。利用寒假空隙，许广平曾陪鲁迅到香港讲演，并担任广州话翻译。在中大初期，鲁迅与好友许寿裳同住大钟楼，因不堪嘈杂，共租了东堤白云楼二楼一组四间的房子。为了使用女工方便，许广平也搬来同住，负责管理三人的伙食。在忙碌了一天之后，三人或围坐畅谈或到陆园品茶小憩，生活十分融洽。

"四·一五"政变那天，许广平首先想到的是共产党员、妇运领袖邓颖超的安危，她不顾一切跑到邓的寓所，知道邓已安全转移，才如释重负回家。在这腥风血雨的日子里，敌人不断地对鲁迅恐吓盯梢，许广平始终坚定地和鲁迅共同战斗。任凭风浪起，相与渡横流。

伟大的平凡

1927年10月3日，许广平随鲁迅到上海，在闸北东横滨路景云里23号正式结婚。婚后的生活虽然简朴，却是甜美的。

这时鲁迅决定专心从事写作。由于鲁迅的恳求，许广平决心当一个无名者，跟鲁迅在反动的文化围剿中过着半地下状态的生活。她默默地把自己的一切献给了鲁迅，在鲁迅那煌煌巨著中浸透着她的心血和汗水。

在工作上，许广平为鲁迅购买参考书籍，查找有关资料，剪贴报刊，誊写稿件。鲁迅的每一种译本出版总是与许广平共同校对。鲁迅的文章写成后，许广平往往是第一个热忱的读者。对许广平提出的修改意见，鲁迅总是虚心采纳。鲁迅不重视保留手稿，认为没有用的就随意用来擦桌子和作厕纸，许广平总是一页页地收集摊平小心保存下来。她还腾出时间记录鲁迅的活动和言行，以后整理成《片断的记录》收集在《关于鲁迅的生活》一书中。

在生活上，许广平对鲁迅的起居饮食照顾得无微不至，使鲁迅能把全副精力都集中到工作上。许广平衣着朴实，克勤克俭，精打细算，从买米买炭、洗衣服、做棉鞋、打毛衣、缝补衣裳到邮寄书信处处亲自动手。连买日用品也到便宜的店铺买。留客吃饭，许广平没有不亲自下厨的。一天到晚里里外外地忙。就这样，鲁迅在上海时期的生活，凝聚了许广平诚挚的感情和辛勤的劳动。许广平在回忆这段生活时说："从广州到上海后，虽然朝夕相见，然而他整个精神都放在工作上，所以后十年间的工作成就，……则以短短的十年而超过了二十年。"鲁迅很能体贴妻子的疲倦，常催她快去休息。他常常对许广平说："我要好好地替中国做点事，才对得起你。"为了纪念许广平付出的默默无闻的辛勤劳动，鲁迅有时特意用"许霞""许遐"的笔名。鲁迅还花了一年五个月，自编了27课教材，每晚一课教许广平学日文。

定居上海的10年中，他们不断经受旧习惯势力和形形色色敌人的迫害。"下石的也有，笑骂诬蔑的也有"，在白色恐怖和兵荒马乱中，鲁迅被国民党通缉，被特务搜查，甚至扬言暗害。1930~1933年，鲁迅被迫几番外出避难，几次迁居。许广平带着年仅一二岁的海婴与鲁迅步步相随，生死与共。"十年携手共艰危，以沫相濡亦可哀，聊借画图怡倦眼，此中甘苦两心知。"鲁迅的这首诗反映了他们患难与共的情谊。对他们了解甚深的美国作家史沫特莱曾这样谈到他们的关系："他的夫人决不是他卧室里的一悠然安适的家具，她乃是他的共同工作者，在某些地方还是他的右手。如果离开她，他的生活便不可想象。"

在上海，鲁迅和许广平虽然在组织上没有加入中国共产党，但他们是中国共产党的最亲密的战友和同志。他们冒着生命危险同党保持着密切的联系，为党作出了特殊的贡献。他们和党的许多工作者发生过联系，既接待过柔石、冯雪峰、成仿吾等青年党员作家和吴奚如、邹鲁风等党组织的秘密联络员，也接待过瞿秋白、李立三、陈赓、陈云等党的领导人。

中国共产党当时的领导人瞿秋白夫妇于1932年来到鲁迅家避难，鲁迅到北京探望老母亲不在上海，许广平热情接待了他们，后由陈云接他们秘密转移。

1933年2月7日，瞿秋白夫妇又两次到鲁迅家避难，许广平竭力帮助鲁迅照顾好他们的生活。这时英国进步作家萧伯纳路过上海，上海各家的报纸对萧的到来反映强烈，态度不一。鲁迅和瞿秋白商量，将这些文章汇集起来，辑成《萧伯纳在上海》。许广平不怕麻烦和忙碌，到报摊搜求报纸，鲁迅、瞿秋白圈定文章，许广平、杨之华剪下来，他们连夜编辑，鲁迅还赶写了一篇序言。不久，该书由野草书屋出版了。

忠诚的卫士

1936年10月19日清晨，鲁迅病逝。许广平是悲痛的，也是冷静的。在鲁迅的墓前大会上，她萧然伫立，双手捧着饱蘸泪水和哀思写成的墓偈——《致鲁迅夫子》，表示"要锲而不舍，跟着你的足迹"。

许广平十分珍惜鲁迅遗留下来的一切东西，并把它看成是全国乃至全世界人民的宝贵财富，要不惜用生命去保存它，而保存遗物最重要的是保存熔铸着鲁迅全部精神和思想的著作。她在组织整理出版鲁迅遗作上做了大量的工作，立下了不可磨灭的功绩。

1936年12月，许广平刚从失掉亲人的痛苦中挣扎出来，即刊登《征集鲁迅先生书信启事》。由于许广平的努力，共收到70余位受信者寄来的800多封书信。后在党的关怀和支持下，于1946年出版了《鲁迅书简（上下集）》。

鲁迅在大病中曾写下《半夏小集》等四篇杂文，准备出版

《夜记》，并已登出广告，由于长逝而未成。许广平为完成鲁迅未竟之事，仅用三个月时间，于1937年1月24日完成了《夜记》的编辑工作。1937年许广平即编辑和出版了四本关于鲁迅的书籍——《夜记》《鲁迅书简》（影印本）、《且介亭杂文末编》、《鲁迅先生纪念集》，其速度之快，令人惊叹！

为了珍藏鲁迅的全部手迹，许广平毅然留在已成孤岛的上海租界。她不止一次地说："我这个家，丝毫没有贵重的物品，但我把这里的一桌一椅、一书一物，凡是鲁迅先生遗下来的，都好好地保存下来。"上海沦陷后，一年中又先后完成了《集外集拾遗》《壁下译丛》《译丛补》，并由胡愈之发起，以"鲁迅纪念委员会"名义出版了600多万字的巨著《鲁迅全集》（20卷本），其中有不少是未刊稿。《全集》的出版是在党中央的同意和刘少奇、周恩来的支持下进行的。为了减轻读者的负担，许广平又借款筹印了《鲁迅三十年》，收入了鲁迅从1906年~1936年的著作。

北平沦陷后，许广平得知鲁迅的藏书被出售，立即抢救，辗转托人买回了全部书籍，避免了一场浩劫。

无私的奉献

鲁迅去世不久，许广平携海婴迁居上海法租界霞飞坊64号。她亲自聆听了从延安来的共产党人刘少奇等举行的报告会，进一步了解党的联合抗日的主张和政策。在党的领导下，她奋身投入抗日救国和民主革命的洪流中，参加了"复社"等许多重要团体。抗战全面爆发后，她热情为《战时妇女》撰稿，经常在家中召开妇女座谈会，讨论如何以文艺这个武器去推动抗日等问题，又参加了《上海妇女》的编辑工作。她还节衣缩食为抗日捐款，在物价飞涨生活无着的情况下，买了100支手电筒送给正在皖南抗日的新四军。

太平洋战争爆发，日本侵略军开进了上海租界。1941年12月15日日本宪兵闯进许家抄查。许广平即叫年仅12岁的儿子海婴设法通知其他同志转移（后海婴也化名周渊避居在叔叔家）。日军为了寻找上海抗日知识分子和出版界的线索，当天即逮捕了许广平，囚于宪兵总部。敌人威迫利诱，使用了皮鞭、电刑，折磨得许广平昏迷了三次，但她始终坚贞不屈。1942年2月27日，被送进了极司菲尔路"七十六号"这个使人谈虎色变的汪伪特工总部。幸得中共地下工作者袁殊和日本朋友内山完造的帮助，许广平才得以释放。许广平被捕76天，出来时头发都变白了。

她实践了她"牺牲个人，保全团体"的誓言，拼着生命保护了众多朋友的安全。出狱后，为了同志们的安全，她"被迫"与世隔绝，熬过了痛苦与孤寂的两年多。

抗战胜利后，许广平任《民主》周刊编辑。她在妇女组织中很活跃，任上海妇女联谊会主席，"中国妇女联盟"上海分会主席。面对美军在中国领土横行无忌，胡作非为，许广平主持由各妇女团体组成的"妇女界抗议驻华美军暴行联合会"。蒋介石发动内战，许广平与上海学联的中共地下党组织保持着联系，积极声援学生的"反饥饿、反迫害"斗争，热情写下了《五四运动》一文，兴奋地指出，学生抗暴运动无疑是新的五四运动。她与宋庆龄、马叙伦、柳亚子、郑振铎等参加了上海公祭"一二·一"昆明死难烈士大会主席团，在会上散发了她写的抒情诗《挽于再先生》，高喊"建立联合政府"、"坚决反对内战"的口号；以后又与164名爱国志士上书蒋介石，要求国民政府偃息干戈。

1948年10月，许广平在党组织的秘密安排下，经香港转赴东北解放区。在解放区，许广平受到李富春、蔡畅等的热情接待。后由东北抵北平，开始了新的政治生活。

1949年在第一届全国政治协商会议上，许广平当选为全国政协委员。10月，中央人民政府任命许广平为国务院副秘书长。自1954年第一届全国人民代表大会召开以后，许广平一直当选为全国人大常务委员，此外还担任全国妇女联合会副主席、对外友协理事、民主促进会副主席等职，担负起国家的领导职务。她作为中国人民的友好使者，曾经多次率领代表团出国访问，曾到日本、越南、苏联、瑞典等国出席国际会议，并参加了亚非作家常设局的工作。她的地位虽然发生了很大变化，但仍牢记鲁迅的教导，甘当"孺子牛"。按规定人大常委可以有4名工作人员，而她只占有两名编制，其余工作人员由她个人支付工资和办公费用。对来函索书，要求寄药物、学费者，不管是否相识，也总是热心相助，尽量满足，而对自己却俭朴如故，公私用度十分节约，办公用品从不浪费，连旧信封、包装纸也收起翻用。

1960年10月，许广平完成了近10万字的《鲁迅回忆录》。

1961年，由党中央直接审查，毛主席、周总理亲自同意，许广平被吸收为中共党员。

许广平历尽艰险保护鲁迅的遗物，出版鲁迅的著作，是为了还给鲁迅，还给人民。早在抗日战争刚刚胜利的时候，重庆书店支付给她一笔鲁迅作品的版税，她把它用作重修万国公园的鲁迅墓地。1948年许广平坚决放弃了东北书店的版税，又把光华书店付给的版税捐赠给东北鲁迅文艺学院。1949年9月她首先将北京阜城门内宫门口西三条胡同21号鲁迅故居的房产和遗物捐给了人民政府（包括瓦房7间、灰房7间、图书5000多册、金石拓本4000余张、家具什物390多件）。新中国一成立，上海市政府设立鲁迅纪念馆，许广平把自己珍藏了14年的鲁迅遗物献给了国家，连生活用品都没留下一件。1950年，苏北发生水灾，她又把积攒下来的稿费2亿元（折现人民币2万元）捐献给灾区人民。1953年，她还将鲁迅1919年全家迁往北平时，寄存在绍兴故居的家具杂物账本送给了绍兴鲁迅纪念馆，使它基本保存了原貌。

鲁迅逝世后，许广平对鲁迅家属的照顾无微不至。她当时没有固定的收入，但在艰难中尽心抚育儿子，供养老人，还负责朱安夫人的生活费。从1936年10月到1938年6月，每月寄到北平100元，从未间断。1938年7月，她得到《鲁迅全集》稿费4000多元，即拿出1300多元寄去，余下还了鲁迅的药费和治丧费，所剩无几。

老太太接到这笔钱，异常感动，回信说："当我接到这笔钱的时候，同时感到不安，为了想象你筹措的困难，但也感到愉快，因为我有这样的好儿媳。"许广平曾想到北京亲奉婆母，但老太太不愿意许广平为难，写信忍痛劝阻。1943年老太太病逝后，许广平对朱安夫人的生活费用一直负责到底。1947年朱安夫人病逝，临终前对来访记者说："许先生待我极好"，"不断寄钱来"，"她的确是个好人"。

1967年，戚本禹在江青指使下，以"中央文革"的名义将原藏于北京图书馆，后文化部以保护为名于1966年调存文化部的鲁迅手稿15页和书信手稿1524页取走。1968年戚本禹的反革命原形败露，许广平担心文稿会失于一旦，心情一直不好，又正患着高血压、冠心病、糖尿病，身体十分虚弱。3月2日，她强撑着病体口述给中央写了一封信，第二天又向友人董秋斯、凌山气愤地叙述鲁迅文稿被调的事，忽然瘫倒，经抢救无效，不幸逝世。当天深夜，周总理闻噩耗即赶到医院向许广平遗体告别，收阅了许广平致中央的遗信，指示立即将这批文稿追回。最后终于在江青住处的保密室里将这批共四箱子的鲁迅手稿追回。

许广平走完了她朴实无华的一生。党和人民为纪念她的卓绝功勋，在北京八宝山第一室里安放着她的灵牌。在洁白如银的烧瓷上，写着"许广平同志永垂不朽"九个大字。

许家与廖家

有这样两张照片，一张是20世纪20年代，许崇清和夫人廖承麓(六薇）与廖仲恺和女儿廖梦醒摄于日本箱根；另一张是80年代许崇清夫人和廖承志摄于广州。廖仲恺、许崇请、廖承志都是历史上的著名人物，这已众所周知，而广州高第街许家与惠阳鸭仔步廖家这两个望族，又有着什么关系呢？

原来，许崇清夫人廖六薇是廖仲恺的侄女，而许廖的婚姻是廖仲恺牵线的，这件婚事还涉及一段革命史话。

廖六薇的父亲廖恩焘(凤舒)是廖仲恺的胞兄，从清朝到民国初期，历任当时中国政府驻古巴、朝鲜、日本、美国等地的外交官。廖家是华侨世家，很早便离乡外出。廖恩焘有十个儿女，六薇排行第六，廖仲恺对她至为疼爱。许崇清在革命活动中认识了廖仲恺，廖对许甚为赏识，许成为廖的革命助手。

1922年秋天，廖仲恺受孙中山指派赴日本与苏俄代表秘密接触，许崇清被邀同行，一方面协助工作，另一方面与廖六薇成婚。10月，许崇清和廖六薇在中国驻日本公使馆举行婚礼。由于六薇的父亲廖恩焘时任驻日本使节，公使馆是个较为安全的地方，因此婚礼便成为掩护廖仲恺与苏俄代表秘密会晤的帷幕。关于此事，许崇清在《我所认识的孙中山先生》(见《广州日报》1956年11月8日)一文中有所记述。50年之后，廖六薇回忆往事时说道："后来二婶(何香凝)告诉我，'你们这一段姻缘做了一件对国家有益的事哩！'"（见《仲恺铜像前的遐思——访廖仲恺侄女廖六薇》，《羊城晚报》港澳海外版1987年4月25日）。当年，廖仲恺为了祝贺这段良缘，亲笔题了一首词："节楼天际，挹尽风光丽。丛菊笑，山枫醉，秋色湛蓬莱，良夜谐人事。劳月老，不辞红线牵千里。璧合成双美，阿娇归学士。瑶瑟弄，华堂启，翩翩鸾凤集，息息心相契。齐按拍，高歌为唱千秋岁。（壬戌十月二十四日，许君志澄偕承麓侄女在驻日使署行结婚礼，赋此催妆，并祝偕老）"。

许家和廖家结亲之后，许崇清与廖仲恺的关系更为密切。1923年1月27日，已返上海的廖仲恺奉孙中山之命，与苏俄代表越飞再赴日本，就中国国民党和苏俄合作的问题详细会谈。此时，任驻日使节的廖恩焘刚好回国述职，代职的驻日代办奉北洋政府之命，严密监视苏俄代表的行踪，每日向北京报告。2月间，廖恩焘公毕回日本得知这个情况，马上让许崇清通知廖仲恺防范。是年5月，廖仲恺出任广东省省长，即致电刚从日本返上海的许崇清来广东组建教育厅，主持革命政府的教育工作。8月初，许崇清从上海到达香港，一来因教育经费无着落，二来因谣传廖仲恺将被迫辞职，于是滞留香港，广东教育界纷纷致电请许上任，廖仲恺于8月20日以省长名义令许崇清速就广东省教育厅长职。许遂于9月中旬回广州就职。许崇清虽然早已是同盟会会员，但后来没有参加中华革命党。1923年底，廖仲恺介绍许加入国民党，孙中山随即指派许为国民党临时中央执行委员会委员，协助该党改组工作。

1925年8月，廖仲恺遇刺逝世。1927年3月，为纪念廖仲恺而创建的仲恺农工学校于广州成立，许崇清出任该校董事长，廖仲恺夫人何香凝任校长。

1935年春天，国民党中央决定将廖仲恺灵柩从广州迁葬南京，许崇清被任命为迎灵委员，廖夫人何香凝偕同许崇清及廖仲恺之堂弟廖恩勋由南京赴广州迎灵。6月13日，廖仲恺灵柩自广州起运到香港，14日自香港运发，17日晨抵达上海。许崇清与何香凝扶灵同行。灵柩抵达南京后，于21日举行隆重的国葬仪式，最后安葬在孙中山陵侧天堡下前湖之上。整个葬礼过程，许崇清夫妇始终陪伴在廖夫人身边。

抗日战争时期，廖夫人何香凝曾避难于香港、韶关等地，许崇清的家人亦先后到过香港及韶关。在战火纷飞的困难日子里，许家的人常去看望、关照廖夫人。

1945年12月，何香凝回到广州。那时抗战已经胜利，而内战危机正迫近。一天，她去探望许家，见到当时才13岁的许锡挥(许崇清的小儿子)在阅读报纸，便语重心长地对许锡挥说："你知道吗?一个国家要强盛，需有天时地利人和。我们中国天时地利都好，现在就缺少人和。"50多年后的今天，已近古稀的许锡挥对此事仍记忆犹新。

1949年中华人民共和国成立后，何香凝和她的儿女廖梦醒、廖承志都长期在北京工作、生活。廖承志更是党和国家的重要领导人之一。而许崇清则在广州工作、生活。他们两家人虽相隔千里，但许崇清夫妇常去北京，当然必去看望二婶(即何香凝)，而廖梦醒、廖承志到广州，也常探访六家姐(即许崇清夫人廖六薇)。

1972年秋天，年已96岁的何香凝病重。此时许崇清已去世，年过70的许夫人廖六薇赶到北京探望。何香凝逝世后，廖六薇同廖梦醒、廖承志夫妇等亲属一起，护送何香凝的灵柩到南京。何香凝临终时要求将遗体与廖仲恺遗体合墓，政府接受了她的要求。当时，何香凝是全国人大常委会副委员长，葬礼也很隆重。37年前，许崇清护送廖仲恺灵柩到此安葬，现在，许崇清夫人又护送廖夫人遗体到同一墓地安葬。这页历史可说是许廖两家亲密关系的写照。

1983年春节，廖承志在广州珠岛宾馆同许家人最后一次相会。这时他虽仍身负重任——中共中央政治局委员及全国人大常委会副委员长，但从美国完成心脏手术回来之后，已自觉心有余而力不足了，曾写下《一生》这首诗："一生升沉多曲折，满头霜雪对儿孙；自觉皮囊将入木，却怜老妻瘦露筋。泪堕难忘慈母貌，梦中犹忆雨台春；少年辈辈如花放，但愿红芳满园新。"此次相会，他和六家姐(许夫人)谈起许多往事。6月10日，廖承志在北京逝世。许夫人在悼念文章《承志弟二三事》中忆述这次最后会面的情景时写道："他有一手好书法，过去，我一直未有请他赠我一幅留念。这一天，他为我题下了这样的字句：'越飞会谈见证人，崇清校长好伴侣'……那天中午，我高兴地拿着他赠的条幅和他道别，相约夏天再见。可万万没想到，这一别竟成永诀，他的宝贵条幅也就成了留给我的最后的、永久的纪念。"

(见《廖公在人间》，中国新闻社编，生活·读书·新知三联书店1984年出版)现在，许夫人廖六薇也去世了。然而，廖承志的这幅题词与何香凝书赠"崇清同志"和"六薇侄女"的画卷一起，仍挂在中山大学内许宅的厅堂。

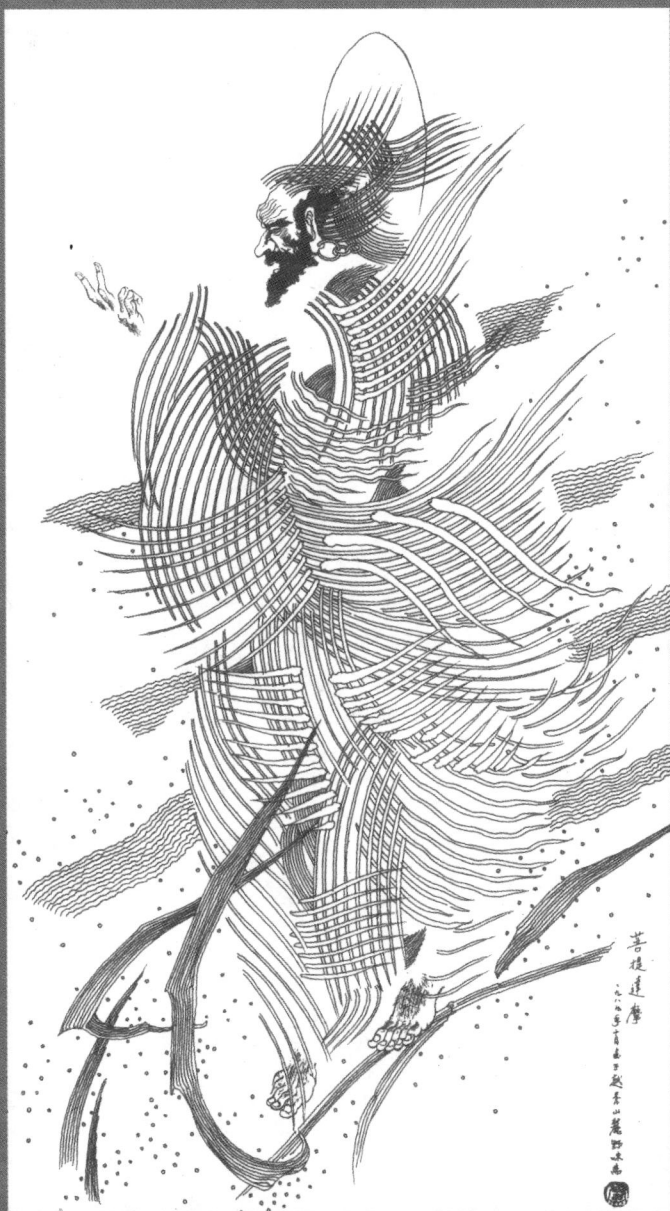

《一百僧佛图》之

菩提达摩

《一百仕女图》之

卓文君

《一百仕女图》之

李清照

《一百仕女图》之

妲己

《一百仕女图》之

公孙大娘

《一百神仙图》之

二郎神

关圣帝君
一九八九年二月画

《一百神仙图》之

关圣帝君

《一百神仙图》之

五岳大帝

后土
一九八九年二月

《一百神仙图》之

后土

陆游
一九九一年七月画

《一鸟帝王图》之

楚庄王

《一百帝王图》之

朱元璋

唉，他们都在云上、天上。